［新装改訂］

英語の授業が変わる
のポイント

Tips for English Teachers 2

太田 洋 著

光村図書

はじめに

　この本は「英語の授業をよりよくしていくための本」です。

　「授業をもっとよいものにしていきたい」「授業を見直したい」「毎日の授業の流れや組み立て方を確認したい」など，「授業」に関してあれこれ考えている先生方，教師をめざしている学生の皆さんに読んでいただきたい本です。

　私は中学校から大学に移って以来，平均すると月に2回程度授業を参観しながら，機会あるごとに授業についてディスカッションしてきました。その中で，「毎日の授業の流れを，目的とともにきちんと示すこと」「毎日の授業を支える考え方を示すこと」の必要性を強く感じました。私がこの本を書こうと思った理由です。

　この本は，大きく5つのPARTから成り立っています。

　PART 1「言語習得につながる英語の授業」では，英語の授業を言語習得という視点から考えてみました。私たちが授業の際に陥りがちな考え方を言語習得の観点から見直してみたいと思います。

　PART 2「見直してみよう！英語の授業」では，英語の授業を組み立てる際に中心となる活動を取り上げ，日常の授業を見直すポイントを紹介しています。

　PART 3「授業をどう展開するか①」では，英語の授業の展開をイメージしながら，特に文法事項の扱いを中心に授業の組み立て方のポイントを示しています。

　PART 4「授業をどう展開するか②」では，英語の授業の展開の中で，教科書本文をどのように扱ったらいいかを中心に指導のポイントを示しています。

　これらのPARTでは，自分が行っている毎日の授業と比べることで，授業を見直し，授業の幅を広げることができます。若い先生方や学生の皆さんにとっては，「毎日の授業の組み立て方」がよくわかるはずです。

　PART 5「より豊かな授業のために」では，教科書にあるLet's Read，文法のページ，語彙のページなど，毎日行う活動ではないものの，いざやろうとするとどう使うのかが難しいといったものを取り上げています。「なるほど」と思っていただける使い方が見つかるのではないかと思い

ます。

　さらに，PART 5 に続く EXTRA では，授業を考えるために知っておくと役立つ理論を紹介しています。英語の授業を見直す際に，その考え方を支える理論です。自分が行っていることの裏打ちができ，より自信を持って授業の改善を行うことができると思います。

　この本の 50 のポイントは，それぞれが独立しています。そこで，この本の使い方として 2 つの「行ったり来たり」をおススメします。

　1 つは「本と授業を行ったり来たり」です。まずは目次を見て，授業作りに関して気になっている箇所から読んでみてください。そして，実際にやってみて，またこの本に戻ってきてください。

　もう 1 つは「各 PART を行ったり来たり」です。例えば，PART 3 と PART 4 で授業展開を考える場合，PART 1 と行ったり来たりして言語習得の視点を確認し，PART 2 と行ったり来たりしながら改善のためのポイントをチェックすることができます。また，授業展開をよりバラエティ豊かなものにしたいと思ったら，PART 5 と行ったり来たりすることをおススメします。

　この度，教科書改訂に合わせて，初版の引用ページ等を差し替え，一部加筆修正しました。前著『英語を教える 50 のポイント』は，幸い多くの先生方，学生の皆さんに読んでいただくことができました。本書は姉妹編にあたります。授業をよりよくしたいと思っている先生方や学生の皆さんの役に立つ本の 1 つになればと願っています。

　この本ができあがるまでには様々な方々のお力添えがありました。授業を参観させていただいた先生方，研修会等でディスカッションさせていただいた先生方にお礼を申し上げます。

　ありがとうございました。

平成 28 年 7 月

太田　洋

目次

はじめに

PART 1　言語習得につながる英語の授業

- Point 1　ブロックは積み上がると思いたいけれど ……………… 8
- Point 2　「行ったり来たり」で定着を ……………………………… 10
- Point 3　教師の言語観が大切！ …………………………………… 12
- Point 4　「小中で身につけてほしい力は？」と尋ねられたら …… 16
- Point 5　Input──シャワーのように浴びるだけでは ………… 18
- Point 6　InputとOutputの関係は「＝」？ ……………………… 20
- Point 7　Outputの目的は何？ …………………………………… 22
- Point 8　Interaction, 本当にOK？ ……………………………… 24
- Point 9　2度目・3度目の出会い ………………………………… 26
- Point 10　文法・語彙が必要だと思うのはいつ？ ……………… 28

PART 2　見直してみよう！英語の授業

- Point 11　スムーズな授業がよい授業？ ………………………… 32
- Point 12　Drillの効果は？ ………………………………………… 36
- Point 13　新出単語といえばフラッシュカード？ ……………… 40
- Point 14　単語を知っているとは？ ……………………………… 42
- Point 15　教科書本文の使い方は基本文だけ？ ………………… 46
- Point 16　音読の役割は？ ………………………………………… 50
- Point 17　どちらかに偏っていませんか？ ……………………… 52
- Point 18　生徒に教えたい学習方法は？ ………………………… 54
- Point 19　英語学習の動機を高めるには？ ……………………… 58
- Point 20　教師の役割は？ ………………………………………… 60

PART 3 授業をどう展開するか①──文法指導を中心に

Point 21	1時間の授業を組み立てる	64
Point 22	活動は例文が命！	68
Point 23	Interaction を考える	72
Point 24	本当のコミュニケーションの場──Small Talk	74
Point 25	帯活動のススメ	78
Point 26	前時の文法事項の復習	82
Point 27	新出文法事項の導入	86
Point 28	新出文法事項の練習	92
Point 29	Communicative Activity	96
Point 30	1度だけでなく，技能を変えて何度も	98

PART 4 授業をどう展開するか②──教科書本文の扱いを中心に

Point 31	意味の取らせ方は？	104
Point 32	いつもワンパターンでなく	108
Point 33	細かい部分も理解させよう	110
Point 34	「読み」を深める	112
Point 35	前時の教科書本文の復習	116
Point 36	教科書クイズ	118
Point 37	Interaction はいつでも気軽に	120
Point 38	教科書本文はどう繰り返す？	122
Point 39	Retelling のススメ	124
Point 40	Read & Underline のススメ	128

PART 5　より豊かな授業のために

Point 41	授業をした後は	132
Point 42	定点観測のススメ	134
Point 43	Small Goal のススメ	136
Point 44	文法のページは飛ばす？	138
Point 45	語彙のページは付録？	140
Point 46	自律した学習者を育てるために	142
Point 47	TT のポイントは？	144
Point 48	Writing ──「いつ」「何を」「どのように」	148
Point 49	Reading ──長文の読み方は？	150
Point 50	家庭学習──予習と復習の方法は？	154

EXTRA　授業を考えるために知っておこう

Extra 1	第二言語の習得について	158
Extra 2	U-shaped Development と PPP の考え方	160
Extra 3	文法の3要素と文法知識の役割	164

参考文献 …… 166

言語習得につながる英語の授業

この PART では，英語を身につけさせる授業を作るうえで，何が大切なことかを考えます。

Point 1

ブロックは積み上がると思いたいけれど
英語学習の正体は？

…ジェンガ！

　皆さんは，ジェンガというゲームを知っていますか？　積み上げたブロックを1つずつ抜き取って，上に積み上げていくゲームです。もちろん，どこかでブロックは崩れてしまいます。これが英語学習の「正体」ではないかと思います。

　多くの教師は，「今日は過去形の肯定文，次の時間は過去形の否定文…と，1つ1つ教えていけば，ブロックが積み上がるように英語もできるようになる」と思っているのではないでしょうか。(昔の私はそう思っていました。)ところが，ブロックは思ったようには積み上がっていかないのです。積み上げようとしている最中に，ジェンガみたいに崩れていってしまうのです。

　なぜ崩れてしまうのでしょう？　それは，新しい文法事項のみに焦点

が当たっている授業では，その文は言えるのですが，次の時間にはまた新しい文法事項に焦点を当てなければいけないので，学習したことを忘れてしまうからです。

「教えた＝学んだ」ではありません。教えたつもりでいても，教えただけで身についてはいないのです。

2度目・3度目の出会いを

そこで発想の転換です。

1度目の出会いでは習得はしないのですから，2度目・3度目の出会いを仕掛ける授業設計をしましょう。1度目で出会わせた文法事項にまた触れたり使ったりする機会を作ることです。「今までに習った文法事項から選んで使う機会」を作るのがポイントです。例えば，「今までに習った範囲の教科書のピクチャーカードを見て，その内容を言う（書く）」「教科書の登場人物を紹介する文を書く」「ALTに中学校時代のことを尋ねてみる」などはどうでしょうか。

生徒は，2度目・3度目の出会いをしながら，だんだん学んでいきます。その出会いを意識して作ってみませんか。

Point 2

「行ったり来たり」で定着を
「できてからやる」ではなくて

基礎練習ばかり？

基礎練習ばかりでは…

　「うちの生徒たちは基礎基本ができていないからコミュニケーション活動ができない」「単語や文法をしっかり身につけてからコミュニケーション活動をさせようと思っています」という声を時々聞きます。「できてからやる」——それでいいのでしょうか。

どうしても飽きてしまう

　確かに単語や文法は大切です。ところが、そのような練習ばかり行っていると、時間がなくなって、結局、コミュニケーション活動ができなくなってしまいます。Point 1 で述べましたが、「基礎基本を積み重ねよう」と思っても、ジェンガのように崩れてしまうのですから、ある程度基礎練習をしたら、思い切ってコミュニケーション活動をさせることも大切です。

練習試合を通して

練習試合をすれば…

基礎の大切さがわかる

「そうは言っても，もっと基礎的な練習をさせてからでないと…」という声が聞こえてきそうですが，ここは発想を柔軟にして，逆に考えてみましょう。**コミュニケーション活動をすることで，基礎的な練習の必要性を感じさせる**ようにするのです。基礎基本ばかりやらされると，生徒はおもしろくないですよね。部活の例を考えてみればわかります。

かつて「部活動の先生が英語を教えている」といった感じだった私は，部活の指導で基礎練習と練習試合を交互にさせていました。それは，練習試合を通して基礎練習の大切さをわかってもらいたかったからです。しかし，それは部活だけのこと。当時の私にその発想を英語の授業に生かそうという考えがなかったのが，とても悔やまれます。

コミュニケーション活動をさせて，単語や文法の足りない点を感じさせて，練習に戻る。そして，またコミュニケーション活動をやらせてみる。この「**行ったり来たり**」が英語の授業を考える際の大きなポイントです。

Point 3

教師の言語観が大切！
日本語にしてみて気づくこと

Pair Work ならコミュニケーション活動？

　私が教師になって5年目頃のことです。その頃，Pair Work を知った私は，「Pair Work をすればコミュニケーション活動だ」と思っていました。「今日は一般動詞の疑問文がターゲットだから，Do you like...? を使ってお互いに質問し合う Pair Work をしよう」などと考え，とにかく上の絵のような活動をして満足していました。

　でも，この Pair Work のやり取りはどうでしょうか。**コミュニケーションとして自然**でしょうか。「何か足りないな」と思った私は，こんなことをしてみました。

これで自然になった？

　「いきなり尋ねるのは不自然ではないか」ということで，Hi! と挨拶したり，答えてくれたことにお礼を言ったりする会話にしてみました。私は「これでコミュニケーション活動だ」と思い，何の疑問も持たずによくやっていたのですが，どうでしょうか。

この会話を見て，皆さんは何かを感じませんか。会話を日本語にしてみると，こう言いたくなるのではないでしょうか。──「どうして尋ねるのだろう」と。その発話の意図，つまり「どうして」がわからないので，会話は相変わらず不自然なままなのです。

　どうして私がこのようなことを言っているかというと，この種の活動を小学校や中学校で意外によく見るからです。自然なコミュニケーションになるよう工夫しているのはわかるのですが，「どうして？　いつ？　どこで？　誰が？」言っているかわからない会話は自然ではありません。つまり，私が言いたいことは「文脈の大切さ」です。

発話の意図がわかった！

　Do you like...? と質問する場合，どうしたら自然な会話になるでしょう。例えば，左（上）の会話はどうでしょう。Yes, I do. までは一緒ですが，その後が違いますね。

　A：There's a good Italian restaurant near the station.
　B：Great!
　A：Why don't we go there for lunch?
　B：Oh, sounds great.

と会話を続けています。つまり，Why don't we...? と誘いたいので，まず好きかどうかを質問したという文脈です。これなら，なぜ Do you like...? と尋ねたのかはっきりしますね。

　コミュニケーションとしての言葉を教える私たち教師は，教える文の流れや場面を大切にしなければなりません。ここで問われるのが教師の言語観です。日本語に直すと，「うん？」と思うような文や会話を使わない，教える文は「どのような文脈や場面で使われるか」を常に考える，そうしたことを心がけながら自分の言語観を磨いていきましょう。

「小中で身につけてほしい力は？」と尋ねられたら
将来に続く力は何？

あいまいさに耐える力を

　英語との出会いがある小中学生の時期，児童・生徒に身につけさせたい力は何でしょう？　「単語」あるいは「文法」ですか？　私は「あいまいさに耐える力」を挙げたいと思います。もちろん単語や文法は大切です。しかし，単語や文法は，文脈の中で何度も触れていかなくては身につきにくいものです。繰り返し触れるためには，インプット（Input）が何より必要です。その際に Input を拒否しない姿勢，つまり「わからないところがあっても推測し聞き続けようとする姿勢」がカギになってきます。

　例えば，上の絵に示したような場面を考えてください。ALT がオーストラリアの話をしているとき，「あいまいさに耐える力」があれば，知らない言葉が出てきても，わかったことから全体の意味を推測して理

解しようとします。しかし，その力がないと，自分で推測しないですぐに日本語に訳してもらうことを求めてしまいます。ここが，英語を身につけることができるかどうかの大きな分かれ目です。この「あいまいさに耐える力」「推測する力」を身につけさせることが，英語との出会いの時期の児童・生徒にまず必要だと思います。

反応しようとする姿勢を

　もう1つの力は，教師が語りかけたことに反応しようとする姿勢です。ジェスチャーでも日本語でも英語の単語1語でも（もちろん文でも），反応しようとすれば，そのことにより，教師は反応を拾い，それを生かして言葉をつなげていくことができます。このようなInteraction（＝やり取り）は，コミュニケーションの第1歩になります。また，児童・生徒にとっては自分に必要なInputを得ることにもなります。「文がまだ作れないから言えない」とあきらめてしまわないよう，少しでも反応しようとする児童・生徒の前向きな姿勢を引き出していきたいものです。

　あいまいさに耐える児童・生徒は，「推測してなんとか理解しよう」とし，「言える範囲で自分の考えを言おう」とします。そうした力をつけることを，まず考えてみませんか。

Point 5

Input ──シャワーのように浴びるだけでは
どのような Input に意味がある？

How was your New Year holiday? I spent mine doing the usual. I relaxed...

少しわからない語句があるけれど，前後から推測しよう。

理解可能な Input

　言語習得を促進するためにいちばん必要なことは，何と言っても Input ですね。教室内・教室外でできるだけ多くの Input を与えることが言語習得への道です。ここでのポイントは，「理解可能な Input」と「Input の質」の 2 つです。

　「理解可能な Input」とは，「全て理解できる Input」ではなく，「ほぼわかる＋少しわからない」ところがある Input のことです。ほぼわかる Input なので，少しわからない部分はわかっている部分から推測できる，つまり「学ぶ」ことができます。これをたくさん与えることが教師の役割です。

　「Input の質」として考えなくてはならないことは，「文脈や場面がある Input」を与えることです。単語や 1 文は，練習としては大切な役割がありますが，Input としては，それがまとまりのある文脈に入っていることが質を高める条件です。

理解可能な Input にするには

教師の英語を理解可能な Input にするには,「言い換える」「繰り返す」「非言語情報を利用する(ジェスチャーをする,実物・絵・写真を見せる)」「例を挙げる」「生徒と Interaction をする」などの方法があります。

文脈や場面がある質のよい「理解可能な Input」を少しでも多く与えるように心がけませんか。

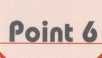

InputとOutputの関係は「=」?
Outputを急ぎすぎないで

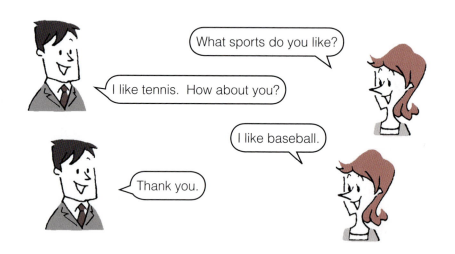

生徒が話していればOK？

　Inputと同時に大切なのはアウトプット（Output）です。でも，ここで気をつけなければならないことがあります。InputとOutputの関係はどうあるのが望ましいでしょうか。

　最近よく見るのは，「Input = Output」となっている授業風景です。例えば，上の例のように，言うことが決まっているABダイアログを教師がモデルとして見せた後，クラスで何度もリピートする練習に入り，そして，生徒同士でPair Workをするという授業です。

　私の昔の授業パターンも同じでした。Pair Workで生徒が話していればOKだと考えていたので，言語材料を導入し，練習した後で，その材料を使うPair Workを行わせて，Outputを急いでいました。

　この場合のInputは，OutputするためのInputになっています。つ

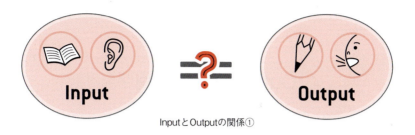

InputとOutputの関係①

まり，教師のモデルは内容を聞かせるためのものではなく，生徒に「こう言うんだよ」という形式を教えるためだけのものです。「Input = Output」は，暗記したことをおうむ返しに言わせようとする授業パターンになってしまいます。

「Input = Output」ではない

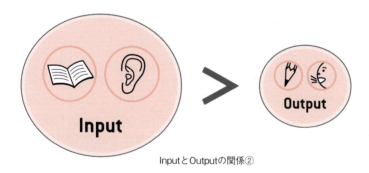

InputとOutputの関係②

　InputとOutputの関係について押さえておきたいのは，「Input = Output」ではないということです。InputとOutputの関係は，上の図のように，圧倒的にInputが多く，その中で一部がOutputとなるのが言語習得として自然です。
　英語の授業でも，この関係を押さえることが大切だと思います。Inputを十分に与える前からOutputを急いでしまうのではなく，Inputを豊富に与え，その中から一部をOutputさせてみるという考えで授業をしてみませんか。

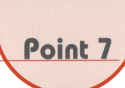

Output の目的は何？
ギャップはチャンス！

なぜ Output させるのか？

「Output はなぜするのですか？」と生徒に尋ねられたら，何と答えますか。（そういう質問をする生徒はいないとは思いますが…。）

Output することにより，表現や文がスラスラ言えるようになるなど，いくつか目的はあるのですが，そのうちの大切な1つは「ギャップ」を感じさせることです。つまり，**Output すると「自分が言いたいこと（書きたいこと）と言えることのギャップ」**に気づきます。ギャップを感じること，つまり生徒が困ること，これが大切なのです。

ギャップ＝チャンス

でも，「えっ，困ったらよくないじゃない」と思うのではないでしょうか。ギャップを感じさせたままならばよくありません。「**ギャップ＝チャンス**」なのです。ギャップを感じさせたのなら，Input に戻らせれ

ギャップを感じる→

ばいいのです。例えば、生徒が教科書の内容を話そうとして、「自分が言いたいことと言えることのギャップ」を感じたとします。ここで教師は、生徒に教科書をもう1度読ませます。(つまり、Input に戻らせます。)そうすると生徒は、ギャップを埋めるためのものを発見します。「あっ、こう言えばいいんだ」という気づき、この「あっ」がとても大切です。

カギは Input と Output の往復

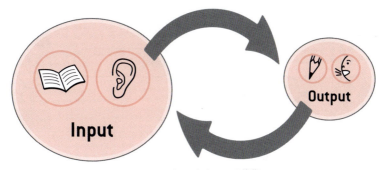

Input と Output の往復

「Output →ギャップ→ Input →あっ（気づき）」という流れが重要です。Output は終着駅ではなく、途中の駅です。Input した後で、また Output に戻ります。カギは Input と Output の往復にあるのです。

Input に戻る→気づく

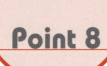

Interaction，本当に OK？

カギは "I" と "F"

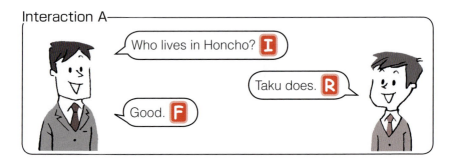

AとBの違いは？

　上のAとBのInteractionは何が違うでしょうか。両方とも **I** nitiation（教師の質問），**R** esponse（質問への答え），**F** eedback（答えに対しての反応）という3つから構成されている点では同じです。しかし，その質は大きく2点で違っています。1つは出だしの発話が違います。Aは教師が答えを知っている質問（Display Question），Bは教師が答えを知らない質問（Referential Question）をしています。もう1つは，答えを受けた反応（Feedback）の違いです。Aは "Good." と，

生徒が正しく答えを言えたことを評価しています。一方，Bは生徒の答えの内容に反応しています。この2つの違いはひと言で言うと，**本当のコミュニケーションかどうか**ということになります。

教室内はAのようなInteraction，つまり「決まりきったInteraction」のパターンが多くを占めています。しかし，このパターンだけでは教室内でコミュニケーションが行われたことにはなりません。生徒は自分が習ってきたことを考えて，選んで使う機会がないからです。

"I"と"F"で豊かなInteractionを

そこで，次のようなInteractionを心がけたいものです。

I：尋ねたいと思う質問をする。つまり，教師が答えを知らない質問（Referential Question）をする。

F：生徒の答えに興味を持つ。つまり，Good. などの評価ではなく，次のようなFeedbackをする。—— Reformulation（生徒がうまく言えなかったときなどに言い方を示す）/ Elaboration（話題を広げる）/ Comment（コメントを言う）/ Repetition（繰り返す）/ Personalization（自分のことを言う）

Iで尋ねたい質問をして，**F**で生徒の答えに興味を持ってFeedbackすることを考えてInteractionを行えば，教室は豊かなコミュニケーションの場になります。豊かなInteractionのために，**I**と**F**を意識しませんか。

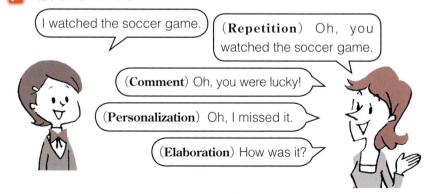

Point 9

2度目・3度目の出会い
カギは「考え，選び，試す（仮説検証）」

仮説検証――言語習得の大切なプロセス

　Point 1で，2度目・3度目の出会いを仕掛ける授業設計を提案しました。その際のポイントは「今までに習った文法事項から選んで使う機会を作ること」です。なぜ選ぶことが大切なのでしょうか，それがどのような効果を生むのでしょうか。

　最大の理由は，日常のコミュニケーションでそうしているからです。「今日は現在完了を使って活動するよ」という場面はありませんよね。コミュニケーションには，例えば，「今度行く旅行の計画をグループで決めてみよう」というような目的があります。そうすると，生徒は「自分の持っている英語（今まで習った英語）」から，どれを使うかを考えて選びます。

　このような場面で，生徒は「これは通じるかな」「こう言えるかな」と考え，選び，そして，その英語が通じるかを試してみます。これを「仮

説検証」と言います。言語習得の大切なプロセスの1つです。試したこと（仮説）が通じれば，「ああ，大丈夫だ」と自分で確認でき，また通じなければ，教師等からFeedbackを受けて，「ああ，こう言うのか」と仮説を修正することができます。

2度目・3度目の出会いが習得へ

例えば，生徒が「横浜に行きたい」と言おうとした場合を考えてみましょう。「〜したい」ってどう言うんだっけ，そうだwant toだということで，I want to... Yokohama. と，自分なりに考えた文を試してみます。それに対し，教師はOh, you want to go to Yokohama. というFeedbackを与えます。ここで生徒の仮説は修正されます。同じように，What do you want to do in Yokohama? に答えるときも仮説検証が行われます。このような流れで，want toの2度目・3度目の出会いを作ることができます。

　もちろん，Feedbackにすぐ気づき，仮説が修正され，その表現が習得されるとは限りません。言語習得は時間がかかるからです。このような仮説検証をする機会，2度目・3度目の出会いの機会を与えることが言語習得へ1歩1歩近づくことになります。

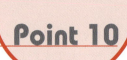

文法・語彙が必要だと思うのはいつ？
2度目・3度目の出会いこそ，文法・語彙学習のチャンス

マニュアルを読んでから？

　皆さんは，コンピュータを使うときに，マニュアルを最初にきちんと読んでから始めますか。それとも，コンピュータを動かしながら，必要に応じてマニュアルを見るほうですか。

　私は後者です。マニュアルを最初からきちんと読んでいると，そのときはわかった気になるのですが，いざ使おうとなると，結局，「あれ，どうだったっけ」と忘れているのです。私の場合，マニュアルをきちんと読み，理解してからコンピュータに触るという順序にはならないのです。

これは，文法・語彙学習にも当てはまるのではないでしょうか。つまり，まずルールを説明し，それから使うとなると，ルールを覚えていなければ，結局は使えないということになってしまうのです。

文法・語彙を学ぶチャンスは…

　文法・語彙を学ぶチャンスは大きく分けると2回あります。
　1つは，1度目の出会い，つまり「導入」です。ここでは，新しい文法事項や語彙をどのようにして効果的に導入するかがカギになります(参照：Point 27)。
　もう1つは，2度目・3度目の出会いでの文法・語彙学習です。「今までに習った文法事項から考えて，選んで，試す機会」では，自分の言いたいことと言えることのギャップを感じます。このときこそ，文法・語彙を最も必要としているのです。コンピュータを動かしていてうまくいかないときに，マニュアルを必要としているのと同じです。
　文法・語彙を必要としたときに，文法を教える，自分で調べさせる，このチャンスを授業の中で生かしましょう。

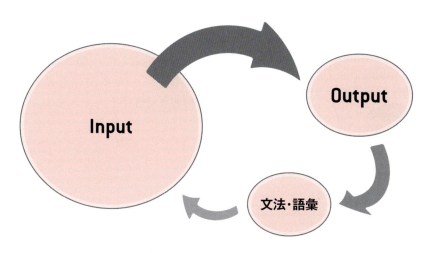

「Input－Output－文法・語彙」の関係

ギャップが生まれたときがチャンス

例えば，週末のことを話す活動の中で，Last Sunday I went to Yokohama. I was happy. という文を生徒が言ったとします。「ほんとは I was happy. じゃないんだけど，それしか知らないから」と心の中で思っている生徒。ここは，まさに語彙学習のチャンスです。

教師は，例えば，教科書の語彙ページを開かせて，自分の気持ちにふさわしい語彙を探させることができます。

また，「あっ，excited がぴったりだ」と思った生徒が，I'm excited. と書いたら，「まだ過去形が定着していないんだな」と考えて，be 動詞の過去形を復習させることもできます。

言葉を使ったことで文法・語彙の必要性がわかる。**Output でギャップが生まれたときが，文法・語彙指導のチャンス**です。言葉を使わせたときこそ，文法・語彙指導をしませんか。

見直してみよう！
英語の授業

この PART では，普段の授業でよく行っている活動を取り上げ，その意味を考え直します。

スムーズな授業がよい授業？
一糸乱れぬ授業で忘れられているもの

一見 OK でも…

　私の２校目の中学校での授業風景です。とにかく授業をテンポよくスムーズに行うことのみを考えていました。１時間の授業は次のように流れていきました。
1. Warm-up：生徒を２人１組にさせ，１人が Worksheet に書いてある質問をすると，１人が答えをさっと言う。
2. 新出文法事項の導入：小道具をふんだんに使い，新出文法事項を使った文の形と意味を理解させ，すぐリピートさせる。
3. Drill：新出文法事項を使った文を次から次へと示し，リズムよくリピートさせる。
4. Pair Work：新出文法事項を使った会話文を練習させる。
5. 教科書本文：ピクチャーカードを使いながら導入する。Display Question（教師が答えを知っている質問）のみをする。
6. 音読：いろいろな音読活動でとにかく練習する。

　当時の ALT は私の授業を見て，「忙しそうだね。次から次へと，先生がよく動き回っているよね」とコメントしました。皆さんは，このような授業，どう思いますか。一見するとテンポがよく，生徒たちは一糸乱れずついてきますので，よい授業に見えます。ところが，生徒の立場に立つとどうでしょうか。

　私と同じような授業をしていたある先生は，生徒にこう言われたそうです。「先生の授業は，いろいろなことをして，テンポよくておもしろくていいんだけれど，授業が終わると，『今日は何をしたのかな』って思うんだ」と。これを聞いた先生は，自分の授業を見直したそうです。

　私のかつての授業は，生徒に考える時間を与えていませんでした。生徒の学びを全体の雰囲気だけで判断していました。まさに生徒をベルトコンベアに乗せて，次から次へと食べ物を与えているような授業だったのです。

ポイントは緩急

　私たちはコミュニケーション能力を育てるために授業を行っているの

ですから，生徒たちに考える時間を与える授業をすることが大切だと思います。テンポよく練習するときもあっていいのですが，それだけでなく，ベルトコンベアを降りて活動する時間を与えることを考えたいものです。ポイントは緩急をつけることですね。

　そのための授業作りに必要なのは，「**教師が待つ時間**」「**生徒に気づかせる時間**」「**生徒が自分で意味をつかむ時間**」「**自分で文を作り出す時間**」を作ることです。例えば，以前の私の授業は，どのように変えることができるでしょうか。ちょっと考えてみました。矢印（→）は，このように変えることもできるという一例です。

1．Warm-up：生徒を2人1組にさせ，1人がWorksheetに書いてある質問をすると，1人が答えをさっと言う。
　　→今までに習った教科書（例：COLUMBUS 21 Book 2 p.28）のピクチャーカードを見ながら，2人で協力し合って言ってみる。
2．新出文法事項の導入：小道具をふんだんに使い，新出文法事項を使った文の形と意味を理解させ，すぐリピートさせる。
　　→新出文法事項を使った文の意味を考える時間を作る。

3．Drill：新出文法事項を使った文を次から次へと示し，リズムよくリピートさせる。
   →場面や文脈を設定して練習させる（参照：Point 12）。
4．Pair Work：新出文法事項を使った会話文を練習させる。
   →既習事項と新出事項を選んで使う活動にする。
5．教科書本文：ピクチャーカードを使いながら導入する。Display Question（教師が答えを知っている質問）のみをする。
   → Referential Question（教師が答えを知らない質問）をする。
   →本文の中から自分のことを表現するための語句や文を探させ，表現させる。
   →質問文を自分で作らせる。
6．音読：いろいろな音読活動でとにかく練習する。
   →自分で音読する時間を作る。

テンポのよさだけでなく，緩急をつけた授業作りをしませんか。

Drillの効果は？
基礎基本だからDrill？

Drillで基礎基本が定着する？

　ドリル（Drill）の効果は何でしょうか。1つは口慣らし，つまり，Drillをする文に慣れることが挙げられます。しかし，「定着するためにはDrillをすればいい」と，Drillの効果をあまり過信してはいけないと思います。様々な研究の結果から見ると，Drillは短期的な効果はある，つまりその場では言えるようになるのですが，その効果は持続しないことが明らかになっています[1]。

　その理由の1つとして考えられることは，Drillをしているときは，Drillをしている文法事項のみにフォーカスしているので文が言えるの

ですが，時間が経つと忘れてしまうということです。次の時間には新しい文法事項が出てくる。そうすると，フォーカスは新しい文法事項になる。そこでまた新しい Drill をする。これを繰り返しているうちに，例のジェンガ（参照：Point 1）のように，積み上げようとして崩れてしまうのです。

　また，文法事項は，必要な場面が来たときに選んで使うことができなければ使えることになりません。Drill では，その力をつけることはできません。そう考えると，「Drill をする＝基礎基本の定着」とはならないようです。

Drill だけで終わらせない

では，どうしたらいいのでしょうか。

　1つは，Drill で終わらずに使う場面を設けることです。授業の中でコミュニケーション活動を行わせることが必要になります。

　また，長期的な授業設計を考え，Point 9 で述べたように，2度目・3度目の出会いの機会を作って，生徒が自分で文法事項や語句を選んで使えるようにするといいでしょう。

Drill で終わらせないこと，Drill の後を考えること。それが1つのポイントです。

[1] Lightbown（1983），和泉（2009），白畑・若林・須田（2004）

「こんな場面で使うんだ」がわかる

　もう1つは，Drill 自体に工夫を加えることです。「形」（例：不定詞ならば「主語＋want(s) to＋動詞の原形」）と「意味」（「〜したい」）だけの練習をするのではなく，**どのような場面や文脈で使えるのかがわかる設定をして，それにふさわしい例文で Drill を行う**のはどうでしょうか。

　例えば，不定詞 want(s) to なら，「今度の日曜日，あなたは1日時間ができました。5千円持っています。したいことを考えましょう」などと条件を与えます。教師が言った文を自分もそうしたいならば，I want to...，したくないならば，I don't want to... で表すこともできます。「**こんな場面で使うんだ**」ということがわかるような Drill になります。

教科書の文脈を使って

　さらに，教科書の文脈から基本文を取り出して Drill をするというこ

とも可能です。例えば，教科書（COLUMBUS 21 Book 1 p.80）にある She plays music, too. という文を取り出して，「これ，どんな場面で，誰が誰について言っている場面？」と尋ねます。本文を読み直すと，Nick が姉の Tina を紹介していることがわかります。**文脈や場面がわかった時点で**，教師は「Tina についてさらに言ってみましょう」と投げかけ，教師が絵を見せたり，語句（例：the drums）を与えたりして，生徒に**文を言わせる練習**（例：She plays the drums.）ができます。

　大切なのは，どのような場面で使えるのかがわかる例文を使って Drill を行うことです。あなたもやってみませんか。

新出単語といえばフラッシュカード？
新しい単語との出会わせ方

意味を推測させましょう

　教科書本文などの新出単語の導入，皆さんはどのように行っていますか。私がよく見るのは，「フラッシュカードを使って英語を見せ，裏の日本語訳を見せて，新出単語を導入する」という方法です。この方法のメリットは，効率がよいことと，カードをさっと見せる（フラッシュさせる）ため，文字を見て，即座に認識して発音するという練習には役立つということです。

　しかし，欠点もあります。それは，「単語の意味を推測する機会を奪っている」ことです。新出単語の導入は，いつもフラッシュカードだけではなく，意味を推測させるという方法も取り入れてみましょう。

「フラッシュカードだけ」からの脱出

意味を推測させるためには，次の方法が考えられます。
　①実物や絵・写真を使う（名詞・動詞・形容詞・場所の前置詞など）
　②ジェスチャーや顔の表情を使う（動詞・形容詞など）
　③語彙を文脈に入れ，意味を推測させる

　例えば，上の絵のようにピクチャーカードを見せると，次のような新出単語の導入ができます。
　①bike の絵を指して，It's a bike. It's Taku's bike.
　③vet の絵を指して，This is a vet, an animal doctor. The dog isn't well, so Nick and Taku will take the dog to the vet.

　語彙の意味を推測させるには，いろいろなやり方があります。Point 5 で述べた「教師の英語を理解可能な Input にする」方法と同じです。新出単語の意味を導入する際の「フラッシュカードだけ」から脱出しませんか。

単語を知っているとは？
語彙指導に欠かせないこと

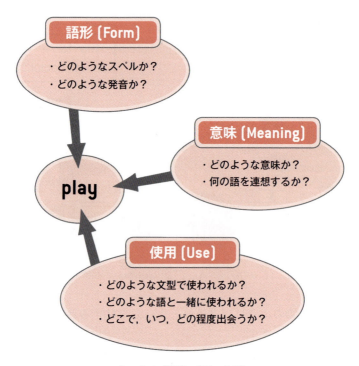

"play" の「語形，意味，使用」

語形，意味，使用

　語彙指導に欠かせないことを2つ挙げたいと思います。
　1つは，「単語を知っているとはどのようなことを意味するか」を知っておくことです。すぐ浮かぶのは，スペルを知っていること，発音できること，意味がわかることだと思います。しかし，単語を知っているということは，それだけではありません。単語を知っているということ

は,「その語を語形(Form),意味(Meaning),使用(Use) の側面から知っている[1]」ということです。この知識は少しずつ積み上げていくものなので,いろいろな機会をとらえて指導しましょう。

例えば,"play" を例に考えてみましょう。「語形」「意味」「使用」という観点で,必要な知識を整理すると前ページの図のようになります。その一部を紹介すると,"play" は,どのような発音か,スペルか,意味かだけでなく,どのような文型で使われるか,どのような語と一緒に使われるか(コロケーション),どのような使用領域かなどが挙げられます。

コロケーションから自己表現へ

教室ではどのようなことができるでしょうか。例えば,単語のコロケーション(Collocation)を考えさせるのはどうでしょうか。下のように,guitar とよく一緒に使う動詞や形容詞を挙げさせます。そして,「この語を使って自分のことを言ってみよう」と投げかければ,自己表現につなげていくこともできます。いきなり自己表現をさせるのは難しいですが,このように事前のステップとして単語の Collocation を考えさせて,そこから自己表現に使える言い方を選ばせるようにすれば,それほど難しくありません。

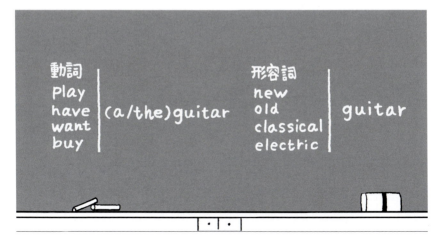

[1] Nation (2001)

受容語彙と発表語彙

もう1つは,「どの単語を,どの程度教えるか」です。

導入の段階では,まず頻度の高い語彙とそうでない語彙,受容語彙(意味がわかればいい語彙)と発表語彙(表現させる段階まで身につけさせたい語彙)を分けることが大切です。教科書に出てきた単語をどれも同じように導入し,全て書けるようにすることを求めるのは無理があります。「これはいろいろな場面で使えるな」と思う単語をまず覚えさせましょう。例えば,下の新出単語の場合,皆さんはどれを受容語彙,どれを発表語彙にしますか。ご参考までに,私が考えた受容語彙と発表語彙を右ページに示しますので,自分の考えと比べてみてください。

COLUMBUS 21 Book 2 p.31

受容語彙と発表語彙を区別すると，家庭学習や小テストのあり方も自ずと違ってきます。家庭学習で，どの語もノートに何度も書かせ，スペルを覚えさせるといったことはなくなるでしょうし，どの語も単語テストで書けるところまで要求することもなくなるはずです。

　語彙指導に欠かせない2つの視点——「語形，意味，使用」「受容語彙と発表語彙」——を意識しましょう。

教科書本文の使い方は基本文だけ？
ココこそ，2度目・3度目の出会いのチャンス

基本文だけではもったいない！

　次の授業時間の教科書本文の教材研究をするとき，「ここは基本文が『不定詞』だから，それをどう導入し，練習させようか。本文でどのように使われているのか」と考えることはないでしょうか。

これは，私が昔よくやっていた限られた教科書本文の扱い方です。教科書本文の内容は「基本文を扱うためのもの」と思っていました。基本文だけしか関心がなかったのです。
　今思うと，「もったいない」気がします。教科書本文には，**基本文以外にも既習の語句や文など身につけさせたいものがあります**よね。2度目・3度目の出会いとして最適です。そこで，基本文以外で書かせたい（使わせたい）文や語句を選んでみましょう。

　例えば，下のような教科書本文を教えるとしたら，どの文を選びますか。ちょっとやってみてください。

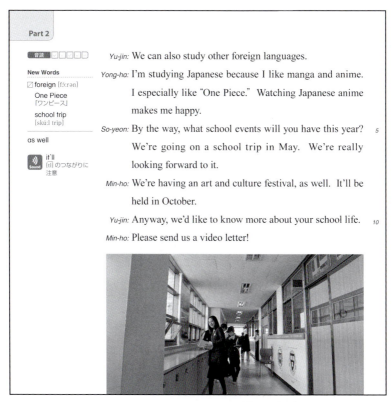

COLUMBUS 21 Book 3 p.6・8

場面に出会わせる

　私が選んだのは下の文（下線部）です。いろいろなことができると思いませんか。

　教科書本文を使って既習事項を取り上げる（2度目・3度目の出会いをする）メリットは，その文が場面や文脈の中で使われていることです。そのため，意味を確認した後，「There are 1,200 students and 50 teachers. と There are〜 はこういう紹介の場面でも使えるね」と，導入（1度目の出会い）とは別の場面で出会わせることができます。

この活動では，生徒自身に文を選ばせて自己表現につなげることもできます。「本文をもう1度読んでみよう。そして，自分のことを表現するときに役立つ表現を見つけ，アンダーラインを引いてみよう（Read the pages 6 and 8 again. Then underline useful sentences for you.）」と指示して，生徒に文を選ばせます。その後，アンダーラインした文をペアやクラスでシェアして，さらにアンダーラインした文を基に，自分のことを表現させるとよいでしょう。

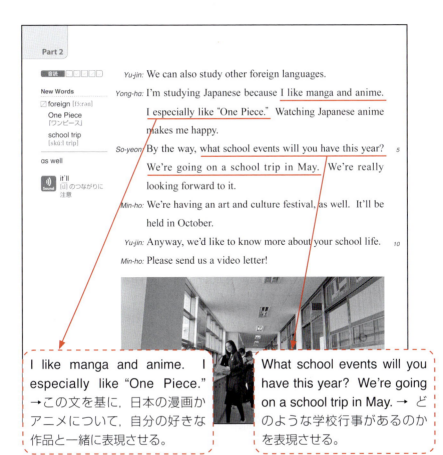

Point 16

音読の役割は？

音読の効果は？　音読したら，その後は？

... But I missed you.

Hi, Taku.
Happy New Year! :-D
How (　　) your cold?
I really (　　) *hatsumode*. But I (　　) you. ;-)
(　　) care.
See you soon,
Tina

内在化と自動化

　音読の目的は何でしょうか。皆さんは音読の目的を生徒たちにどのように話していますか。20歳代の頃の私はそんなことは考えたことはなく，「音読は行うものだから行う」と思っていました。

　それでは，音読はなぜ行うのでしょうか。それは，音読によって理解したこと（文法・語彙など）を頭に取り込む（内在化[1]）ためです。理解したことを何度も音読することであまり考えずに使用できるようになる（自動化[2]），といわれています。

　「自動化」とは，自動車の運転を例に取るとわかりやすいと思います。初心者の頃は，右に曲がるときは，バックミラーやサイドミラーを確認して，ウィンカーを出して…と意識して行いますが，慣れてくると意識しなくても自然にできるようになります。音読も，**繰り返すうちにその文が自動的に言えるようになり，その表現が自分のものになることを促進する役目**を果たしています。

音読したら終わりではない

　内在化や自動化につながる音読をするために必要なことが2つあります。1つは「繰り返し」です。次のような方法で音読にバリエーションを持たせて繰り返すとよいでしょう。

　◆リード・アンド・ルックアップでの音読
　◆本文に穴をあけて読ませる「穴あき音読」

　ただ繰り返すのではなく、音読の前に聞かせてどこが強いか、どこで音声変化しているかの確認を行うこと、内容が伝わるように、そして話しているように音読させることが大切です。授業では、本文内容理解の後に音読をしたら終わりでなく、次の時間の前時の復習時、Unitの総まとめ、教科書クイズで半年前や1年前に学習したページを扱うなど、いろいろな場面で繰り返し音読することを考えましょう。

　もう1つは、音読で終わらずに「音読したことを生かす」ことです。
　◆音読をした後、頭の中に残っている単語や文を言わせる
　◆教科書を見ないでQAをする
　◆ピクチャーカードやフラッシュカードを使ってRetellingをする

　音読をして取り込んだら終わりではなく、上のような方法でOutputにもっていくようにしましょう。

音読する　　　　　　　　　　教科書を見ないでQA

[1] 門田（2007），[2] 鈴木（1998, 2009）

どちらかに偏っていませんか？
バランスを取ることの大切さ

流暢さ			正確さ	
概要・要点をつかむ			1文1文理解する	
推測しながら聞く			わからない語句・文はまず調べる	
スピードを考える（さっと読む・書く）			じっくり時間をかけて理解する	
音声を使った学習			文字を使った学習	
複数文（聞く・読む・話す・書く）			1文（聞く・読む・話す・書く）	
今まで習ったことを使う活動			基本文の練習・使う活動	
即興で行う活動			準備をして行う活動	

バランスをチェックするリスト

鳥の目の視点で

　普段は毎日の授業のことを考えることで精一杯だと思います。しかし，時には，鳥が空から地面を眺めるように自分の授業を広い視点で見ることが大切です。そこで，上の表です。これは私が自分の授業の全体を見直す際に大切にしている視点です。これで自分の授業をチェックしてみませんか。

　私は，最初は日々の授業で精一杯で，当時を振り返ると，「正確さ」「1文1文理解する」「わからない語句・文はまず調べる」「文字を使った学

習」「1文」「基本文の練習・使う活動」「準備をして行う活動」のほうに偏っていたかなと思います。皆さんはいかがでしょうか。意外とバランスが取れていないことがあるのではないでしょうか。

　私が偏っていた原因は2つでした。1つは、そういう世界（視点）があるのを知らなかったことと、もう1つは、流暢さ、即興性、推測させることを求めるのは無理だと思い込んでいたことでした。

当時の私のバランス

流暢さ
概要・要点をつかむ
推測しながら聞く
スピードを考える（さっと読む・書く）
音声を使った学習
複数文（聞く・読む・話す・書く）
今まで習ったことを使う活動
即興で行う活動

正確さ
1文1文理解する
わからない語句・文はまず調べる
じっくり時間をかけて理解する
文字を使った学習
1文（聞く・読む・話す・書く）
基本文の練習・使う活動
準備をして行う活動

生徒のレベルを低く見ない

　そんな私が変わったきっかけは、British CouncilのTeacher's Courseでした。文章全体の意味を背景知識などを使って推測してから、概要をつかむための質問をして、それに答えるために全体をざっと読む（聞く）というトップダウン（Top-down）の方法を学びました。まさに目から鱗でした。さっそく教室で試してみました。そうしたら、何とできるのです。生徒には、1ページごと丁寧に扱わないと無理、推測させるなんて不可能と思っていた私は、まさに生徒のレベルを低く見ていました。そこからバランスを考えるようになりました。

　皆さんも授業全体のバランスを考えてみませんか。まずは、左ページのリストを見て、それぞれの項目で自分は何を行っているのかを考えるとよいでしょう。

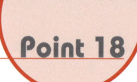

生徒に教えたい学習方法は？
「行ったり来たり」で力が伸びる

英語学習のポイント
英語ができるようになるための合言葉　その1．
「インプットとアウトプットの往復」

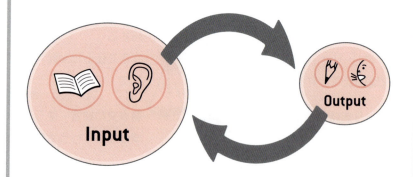

「理解可能なインプット（聞く・読む）」をできるだけ多くして，その中からアウトプット（話す・書く）をしましょう。

アウトプットをすると，「表現したい」ことと「表現できる」ことにギャップを感じます。この「ギャップ」を感じたときがチャンスです。そこでインプットに戻ることが大切です。ギャップを感じたときは，文法と単語を復習するチャンスでもあります。

次の要素があるインプットが英語習得を促進します。
1．理解可能な（だいたいわかる，でも少しわからないところがある）もの
2．自分の興味・関心があるもの
3．音声と文字の両方があるもの

聞くことだけ，読むことだけに偏らず，バランスよくどちらもできるだけ多く触れましょう。

Handout 例

InputとOutputの往復を意識して

　前ページで示したのは，私が授業で使ったハンドアウト（Handout）です。生徒に英語の学習方法を教えるために作りました。Point 17まで述べてきた授業作りにあたっての考え方は，生徒に適切な学習方法の考え方を教える際にも役立ちます。しかし，考え方がわかっただけでは十分ではありませんので，実際にどのように行うかを，活動を通して体験させるとよいでしょう。

　以下は，「InputとOutputの往復」の具体例です。

日記を書く

1．Input
　教科書にある日記のモデルを読む。

2．Output
　自分で日記を書く。

3．ギャップを感じる
　「書きたいことがあるのに，表現できない！」

4. Input に戻る

   もう1度日記のモデルを読む。

   ＊ギャップを埋めるために，文法の参考書で，自分に必要な項目（例：現在・過去・未来）や自分に必要な単語（例：動詞の過去形）を復習するのもよい。

5. Output に戻る

   また日記を書く。

教科書本文を使って

1. Input

   読んだり聞いたりして内容を理解する。

2. Output

   読んだり聞いたりした内容をできる範囲で表現してみる。

3. ギャップを感じる
「内容はわかっているのに，表現できない！」

4. Input に戻る
もう1度読んだり聞いたりしてみて，気づく。(「あっ，そうか！」)

5. Output に戻る
読んだり聞いたりした内容を，もう1度できる範囲で表現してみる。

どうでしょう。Input と Output の往復を意識してみませんか。

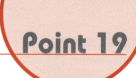

英語学習の動機を高めるには？
カギを握っているのは教師と活動

「動機づけ」について知っておきたいこと

　どのようにしたら生徒の英語学習の動機は高まるでしょうか。これは，私たち教師にとって永遠の課題の1つです。「テスト」「入試」のための英語学習は動機は確かに高まりますが，それだけが動機を高める方法ではさびしいものです。

　「動機づけ」に関して知っておいたほうがよいことは，日常生活で英語を使用する機会が少ない日本の状況では，「教師」と「教室内での活動」が英語学習の動機づけのカギを握っているということです[1]。

　また，学習者の動機には，比較的安定した「長期的な動機」と，変わりやすい「短期的な動機」があり，ダイナミックに変化します[2]。学習状況によって生徒の動機は変わるということです。

効果を感じる10の動機づけ

　それでは，教室内の授業で動機を高めるためには，どのようにすればよいでしょうか。

　これを考える際に参考になるのが，ドルニェイの「動機づけストラテジー[3]」です。ドルニェイは35項目のストラテジー（Strategy）を挙げていますが，そのいくつかは先生方がすでに行っていることだと思います。自分が実践してきたことの裏づけに，また新たな動機づけの方法の発見に，ぜひご一読をおススメします。

　ちなみに，ドルニェイの「動機づけストラテジー」で，私が実践してみて効果を感じたものは次のものです。

1	活動の目的を述べる。
2	活動のゴール・モデルを示す。
3	同じ活動を定期的に行い,生徒に伸びを感じさせる。
4	先輩がどのように学習し,どう伸びたのかを伝える。 (世界で活躍している日本人を紹介する)
5	英語通信などを使い,友達のよい例を示す。
6	生徒に目標(長期・中期・短期)を立てさせる。
7	授業の内容を生徒の日常に結びつける。 (習ったことを「自分なら…」と考えさせる)
8	自分と英語との出会い,どのように英語とつき合ってきたかを話す。
9	活動を個別化して,チャレンジングなものも入れる。
10	いろいろな機会を生かし,生徒の様子を観察し,今後伸びるためのFeedbackを与える。

 「動機づけ」には決定打はありません。ドルニェイは,「生徒に効果があるかもしれない」と感じるStrategyを1つか2つ選択してやってみることを提案していますが,無理をせずに少しずつ広げていくことがポイントでしょう。

---

[1] 本田(2008), [2] Tremblay and Gardner (1995), [3] Dörnyei (2001)

教師の役割は？
引き出すこと，梯子をかけること

教師の役割――皆さんはどのタイプ？

　「うちの生徒は基礎力がないから，とにかく教えなくてはだめ」と説明をたくさんする，教え込むタイプの教師。

　「コミュニケーション活動が大切よ。だから使わせる機会をたくさん設けなくてはだめ」と活動をさせる，やらせっぱなしタイプの教師。

　この2番目のタイプの教師は，しばらくすると，「やらせて生徒も楽しそうなんだけれど，結局，力がつかないから，やっぱり教えるしかないのよね」と言って，1番目のタイプに戻ってしまうことがあります。

　さて，皆さんはどのようなタイプでしょうか。

まずは引き出すこと

　実は，これ，私が通ってきた道なのです。どちらも違うと思った私は第3の道を行くことにしました。それが，「まずは引き出すこと」です。いきなり新しいことを提示するのではなく，生徒が知っていることに新しいことをくっつけるという発想です。教師は知識を与える人ではなく，「引き出す人」という役割です。

梯子をかけること

次に,ただ活動を与えるという役割から,モニターする役割,つまり生徒のLearningが見える活動をすることを考えました。与えるだけなら誰でもできますが,Learningが見える活動には教師が必要です。モニターをして,困っている生徒にアドバイスをする役割が生まれるからです。例えば,生徒が言いたいことがうまく言えない場合,一部分を言ったり質問をしたりするなどして助けます。いわゆる「梯子がけ」(Scaffolding)です。これこそが教師の大きな役割ではないでしょうか。生徒1人だけではできず,**教師がいるからこそ到達できる領域**[1]にもっていくという役割です。

[1] ヴィゴツキーの「発達の最近接領域」(Zone of Proximal Development)

PART 3

授業を
どう展開するか①
──文法指導を中心に

このPARTでは，文法事項をどのように導入し，練習し，使う機会を作るかをいろいろな視点から考えます。

1時間の授業を組み立てる
「目的」「現状」「無理せず」

「1時間の授業」展開の3つのポイント

　ここまで，授業を行うにあたって知っておくとよい考え方を述べてきましたが，ここからいよいよ具体的な授業展開について提案していきたいと思います。

　まず，「1時間の授業」をどう展開するかという授業の流れを考えてみましょう。といっても，「1時間の授業はこうすればよい」ということを言うつもりはありません。授業は固定的に考えると形式的になってしまいます。私は，授業は次の3点に照らし合わせて，流れを考えるのがよいと思います。

◆目的

　その日の授業で何を目的にするのかを考えます。つまり，生徒が何ができるようになるかを考えるということです。例えば，「今日は教科書本文の概要を理解させる」と具体的に考えます。目的を考えたら，その達成に向かって授業を構成します。

◆現状

　次に生徒の現状から出発します。生徒の今の状況により，授業は変わってきます。現状をきちんと把握して，それをどうしていきたいのかを考えることが毎日の授業をよりよいものにします。例えば，教科書本文の概要を理解させるための活動を考える際は，生徒の現状によって「日本語で質問する」「英語で質問する」「CDを聞かせて概要をつかませる」「教科書を読ませて概要をつかませる」と変わります。

　「こうすべき」ではなくて，「生徒の現状がこうなので，今回はこうす

る」という視点が大切です。

◆無理せず

　無理せずに，中長期的な視点を持って授業を作ることを考えましょう。

　授業の活動を計画する際に，「徹底的」「がっつり」という言葉で考えてはいないでしょうか。例えば，「今日は導入した新出文法事項を Drill で徹底的に練習させる」などです。自分で言っているときは違和感がないかもしれませんが，聞く立場になると「無理をしていないかな」と思ってしまいます。生徒の立場に立つと，「今日習ったばかりなのにまだ無理だよ」と思ってしまうかもしれません。

　「今日は導入なので，ここができればいい。そして，今学期の終わりには…」という中長期的な発想が大切です。

ある授業の流れ

　例えば，次ページに示した COLUMBUS 21 Book 3 Unit 2 を扱う授業の流れを考えてみます。

　「目的」「現状」「無理せず」を私は次のようにとらえました。

- ◆目的
  - ・教科書本文の概要をつかむ。
  - ・現在完了形の完了用法を使う場面と意味がわかる。
- ◆現状
  - ・英語を聞いて概要をつかむ活動に慣れている。
  - ・読んで概要をつかむことにはまだ慣れていない。
    - →対策：まず音声を聞かせてから読ませることで，読んで概要をつかむことに慣れさせていく。
- ◆無理せず
  - ・今日は新出文法事項は理解の段階（「聞いて・読んで」わかる）に留める。

Part 4

New Words

Kwame Mbia
クワメ・ムビア
〔男性の名〕

engineering
[èndʒíniəriŋ]
工学

☐ luckily
[lʌ́kili]

☑ engineer
[èndʒiníər]

☑ waste(s) [wéist(s)]

☑ energy [énərdʒi]

vending machine(s)
[véndiŋ məʃí:n(z)]
自動販売機

☐ machine(s)
[məʃí:n(z)]

haven't [hǽvənt]
← have not

Name: Kwame Mbia
Country: Ghana
Q.1 How long have you been in Japan?
   I've been here for a year.
Q.2 Why did you come here?
   To study engineering. I haven't finished the course yet, but luckily, I've already started working as an engineer.
Q.3 What do you think of Japan?
   It's one of the top countries in computer science. But I also think Japan wastes a lot of energy. For example, there are too many vending machines in the city.

energy [énərdʒi]
[θi] think
[ʃi:] machine
[si] city

Kwame Mbia さんは，日本についてどんな意見を述べていますか。
また，どんな例を挙げていますか。
意見：_____
例：_____

Read & Think
もう一度本文全体を読んで，3人の意見に対する自分の感想を言ってみましょう。

I haven't finished the course yet.

20 twenty

COLUMBUS 21 Book 3 p.20

66

「目的」「現状」「無理せず」を意識して，次のような流れを考えます。

1. **挨拶・帯活動**：現在完了形に使える過去分詞を使ったカードゲーム（カルタ）をする。
2. **復習**：このUnitですでに習ったページのピクチャーカードを見せてQAをする。
3. **新出文法事項**

    導入：Try It! の 1st Listening を使って導入する。

    練習：Drill を使って練習する。

```
【1】 TedとTedのお母さんが話しています。
  ▶ 1st Listening  会話に出てきた話題の順に表の空欄に番号を書きましょう。
  ▶ 2nd Listening  Tedが既にしたことに○，まだしていないことに×を付けましょう。

  |              |   |   |   |   |
  | 1st Listening |   |   |   |   |
  | 2nd Listening |   |   |   |   |

  Drill  Tedになって，既にしたこととまだしていないことを言いましょう。
  I've already _____ my _____.
  _____ read today's _____ yet.
  _____ walked my dog Cookie _____.
```

COLUMBUS 21 Book 3 p.21

4. **教科書理解**

    概要理解：本文ページ（p.20）の下の下線部を埋める。

    詳細理解：下線部に書いた内容以外の情報についてQAをする。

ミスマッチをなくす

　授業案を立て終わった後に考えたいことがあります。それは，「ミスマッチ」をなくすことです。教師はそれぞれの活動をなぜするのか，その活動をすることでどのような力がつくのかがわかっています。けれども，生徒は意外にわかっていない，または違って考えていることが多いものです。時には，なぜその活動をするのか，その活動をすることでどのような力がつくのかを話すことも大切です。

Point 22

活動は例文が命！
よい例文，そうでない例文──使い方を語る例文を！

教科書は例文の宝庫

　導入・練習・復習・発展など，いろいろな場面で，どのような例文を使うかがカギを握りますね。ところが，実際は，下のような例文をよく見ます。

> He plays basketball.
> He doesn't play the guitar very well.

　皆さんは，この例文を見て何を感じますか。「Heって誰？」「この文は，誰に？ いつ？ 何のため？」と感じませんか。もしそう感じたとしたら，「あなたはコミュニケーション能力を育成する教師として合格点」と言うと偉そうですが，そういう疑問を持つ意識がとても大切です。
　例文も，「形（Form）」「意味（Meaning）」「使用（Use）」の３要素を考える必要があります（参照：Point 14）。特に見逃しがちなのは，Use，どのような場面で使うのかがわかる例文にするということです。上の例文は，例えば，教科書のある登場人物を紹介する場面を与えると，よい例文になります。よい例文とは，生徒たちが「この文法事項，こんなときに使うんだ」と，形や意味だけでなく，使い方や使う場面がわかる例文です。私は，「使い方を語る例文」を考えることが活動を計画する際の第１歩になると思います。
　とは言っても，「例文を考えるのは大変なんだよね」という声が聞こ

えてきますね。そうです。私も自分でゼロから例文を考えているわけではありません。そこで登場するのが**教科書**です。教科書は生徒の現状を配慮して，内容やレベルが考えられているので，使える例文の宝庫です。**現行版だけでなく旧版の教科書**を見ても，「あっ，これ使える！」と思える例文に出会うことがあります。

教科書で検索！

例えば，There is / are... の文を COLUMBUS 21 ENGLISH COURSE の旧版を使って検索してみました。たくさん例文が出てきた中で，私は次の文に目が止まりました。

　There is a school, a church, a radio station...
　There is a soccer club in our school.

この２つの文を見たときに，皆さんは，この文を**授業のどの場面でどう使おう**と思いますか。

私は，次のように考えました：

> 自分の町紹介か学校紹介をしながら，There is / are... の文が導入できるなあ。その後の練習としては，町にある施設をピクチャーカードで提示して，あるものは肯定文で，ないものは否定文で言う練習ができるなあ。コミュニケーション活動としては，「外国人が自分の町に来たときに，自分の町を紹介する文章を書こう（言おう）」という活動ができるなあ。それには，帯活動で，町にある施設のピクチャーカードを使ったゲームをしよう。

さらに検索していくと，以下のような例文に出会いました。

   I think Japan is nice because there are four seasons.
   I think there are too many cars, buildings, and people in the city.
   There are so many good places for outdoor life there.

これを見て，私は次のような活動を思いつきました：

日本紹介や地元紹介をするときの例文として使えるなあ。この文を基に，ALTにも日本の印象を話してもらい，Listening活動ができるなあ。

例文はまだまだあります。

　　There are a lot of things to do.
　　There are a lot of things to see.

　この２つの文は，不定詞の形容詞的用法の導入が終わっていないと使えないと思うはずです。そこで，「不定詞の形容詞的用法の導入後に，『この文の前後に文を１文（以上）書いてみよう』という活動ができるなあ」と思いました。１度目の導入の後，There is / are... との２度目・３度目の出会いにうってつけですよね。

練習問題やまとめでも

　文法の練習問題やまとめとしては，どのような活動が考えられるでしょうか。
　まず，例文を見て，次のような活動ができます。
　　◆音読をする。
　　◆形や意味を考える。
　　◆どのような場面で使われるのかを考える。
　他には，次のような活動も可能です。
　　◆前後に１文を加える。
　　◆例文を語句ごとにバラバラにして並べ替える。
　　◆例文のポイントとなるところを（　　）にして空所補充をする。
　　◆自分のことを書く。（自己表現）

　例文から活動を考えるという発想を持つと，授業に広がりが生まれます。早速，教科書で例文を検索してみませんか。

Interaction を考える
いろいろなパターンを使いましょう

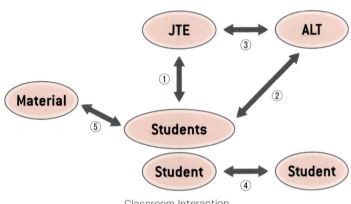

Classroom Interaction

5 種類の Interaction

　教室では，どのような Interaction が可能でしょうか。自分の実践と授業参観等の経験を通して，上の図のように5つにまとめてみました。

　①日本人教師（JTE）とクラス全体（または各生徒）
　② ALT とクラス全体（または各生徒）
　③日本人教師と ALT
　④生徒同士（Pair Work，Group Work など）
　⑤ CD や DVD などの教材とクラス全体（または各生徒）

　この図は，日頃の授業での Interaction を見直す際に役立つと思います。①〜⑤で，どれをよく行っているのか行っていないのかがわかるのではないでしょうか。
　ここで私が気になるのは，次の3つの点です。

Input が十分でないのに…

　Input が十分でないのに，さっと練習して，いきなり④の Interaction になってしまう授業をよく見ます。私もよくやっていました。一見にぎやかに対話しているようで，実は英語になっていなかったりします。つまり，生徒同士の Output をする段階にまだ至っていないのです。**④を効果的にするためには十分な Input が必要**です。④の前に①②③の Interaction を十分にしましょう。

せっかくの Interaction なのに…

　③が④の前の単なるモデルになっているパターンもよく見ます。生徒たちが，話している内容を聞きたくなるよう，内容に興味を持たせる自然な Interaction をしましょう。

せっかく他の生徒がいるのに…

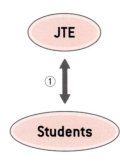

　日本人の教師が1人で授業を行う場合は，②③の Interaction ができません。①の Interaction の落とし穴は，クラス全体に尋ねるだけ，または個別の生徒に尋ねるだけで単調になってしまうことです。そうならないためには，「**全体と個の往復**」をすることです。つまり，教師がクラス全体だけでなく，個別の生徒とも Interaction をすることです。ある生徒と Interaction をしているときに，How about you, S2? と他の生徒をすぐ巻き込む，または全体に尋ねるようにしましょう。

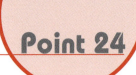

本当のコミュニケーションの場——Small Talk
生徒たちを英語の世界に引き込む

英語の授業の雰囲気作り

　授業は挨拶で始まりますね。その後，何をしますか。
　まずは，Warm-up で生徒たちを英語の世界に引き込みましょう。Warm-up は，歌，チャンツ，クイズなど，いろいろあります。今回は Small Talk を紹介します。

本当のコミュニケーションの場面を与える

　Small Talk では，今まで習ったことを生かして，教師と生徒，生徒同士が本当のコミュニケーションをする場面を与えます。今話題のこと，生徒が興味を持っていることなど，臨機応変に話題を設定することができます。気軽なおしゃべりですが，英語で本当のコミュニケーションをするという点に大きな意味があります。朝のホームルームの時間で，担任の教師がちょっとしたことを生徒たちと話すというイメージです。
　ポイントは4つです。

① Referential Question をする

　Small Talk は本当のコミュニケーションの場ですから，Referential Question（教師が答えを知らない質問）をすることがポイントです。Display Question（教師が答えを知っている質問）で始まったとしても，そこで終わらず，Referential Question にもっていきます。具体例は，後述の「挨拶から広げる」を見てください。

② Interaction を広げる

　Teacher → Student 1, Teacher → Student 2 のように質問する際，1人の生徒との対話だけでなく，他の生徒を巻き込む状況を作りましょう。

クラス全体を巻き込む

　そのためには，まず，「～さんはどう答えるだろう」と聞きたくなるような話題にすることがポイントです。そして，クラス全体を巻き込みます。「今 S1 に尋ねているけれど，その後は，私たちに尋ねてくるな」と思わせます。私はいつも，How about you? と他の生徒に尋ねるようにしています。

　ALT との Team Teaching の場合は，下の図のような三角形の Interaction を心がけましょう。ALT に尋ねてから生徒に尋ねる，または ALT が生徒に尋ねるというやり方です。そして，余裕があれば，生徒同士で尋ね合うようにさせましょう。

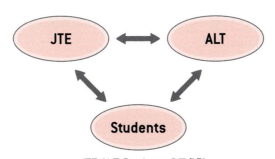

JTE-ALT-Students の三角形

③ Follow-up をする

　Interaction を行う際は，生徒が答えた後にフォローアップ（Follow-up）をしましょう。コミュニケーションは，いつも質問して答えて終わりと

いうわけでは ありません。そればかりだと尋問みたいですから，生徒が答えたことに，興味を持って反応しましょう。

④既習の言語材料を取り入れる

Small Talk は絶好の復習の機会です。既習の言語材料を意識して取り入れましょう。

それでは，活動例を3つ紹介します。

挨拶から広げる

Good morning. / Good afternoon. と言った後，生徒たちに Routine Question をすることがあると思います。ここから Small Talk へと広げます。例を挙げます。

- ◆How are you? から，生徒の様子を見て，You look sleepy. What time did you go to bed? (What time did you get up?)
  (You look happy. / You look tired. などと広げることもできますね。)
- ◆How is the weather today? から，Do you know today's weather forecast? Do you know tomorrow's weather forecast? The weather forecast says that it will rain. Did you bring an umbrella with you?
- ◆What day is today? から，What are you going to watch on TV tonight? Are you going to watch the soccer game against Argentina tonight?

いつも行う必要はありません。「尋ねたいなあ」「広げられるなあ」と思ったときに行いましょう。

自分のことを語る Small Talk

教師が自分のことを語りましょう。生徒は先生に興味を持っているので，聞く姿勢があります。理解可能な Input を与える絶好の場になります。「昨日したこと」や「週末にしたこと」など，生徒が興味を示すトピックで話しましょう。

最近，私が Small Talk で話したトピックを2つ紹介します。

　まずは「アイスクリーム」です。話題のアイスクリーム店に行ったときは，次の時間に Last Sunday I went to... と始めました。そして，I had... と自分が食べたフレーバーを話し，How about you? と学生に尋ねました。

　また，昨年教えたクラスでは，Ｊリーグのチームの熱狂的なサポーターがいたので，そのことを話題にしました。というより，Did you go to Saitama Stadium last Sunday? などと尋ねて，後はその学生から話してもらったというほうが正しいのですが…。

Questions for Mr. Ota

　生徒に話題を提供してもらいたい，質問させたいと思ったときにおススメです。やり方はこうです。あらかじめ教師に質問する生徒（S1）を決めておきます。授業が始まったら，S1が教師に質問します。教師は答えた後，同じ質問をS1にします。その後は，他の生徒に同じ話題で話を広げていきます。この活動は生徒が主役です。どんな話題が出てくるかわかりませんが，教師が知らなかったら，I don't know... Please tell me about... と生徒に投げ返せばいいのです。そうすれば，それは生徒の発話を増やす絶好の機会になります。

　「Small Talk を取り入れて授業の雰囲気がよくなった」という先生方は大勢います。時々でもよいのです。取り入れてみませんか。

帯活動のススメ
「現状を考えて」「先を考えて」

状況に合わせ，フレキシブルに

　帯活動というのは，「Warm-up」と「前時の復習」の間に来る，ある一定期間行う活動のことを指します。必ず行う活動というわけではありませんが，目的に応じて行うと効果があります。ある一定期間行い，何度も触れさせ(Reading / Listening)，表現させ（Speaking / Writing），言語材料や語彙に慣れさせ，定着の促進につなげます。

　言語の定着には時間がかかります。"Language learning takes time."である以上，導入したものをいろいろな機会でどう繰り返すかがポイントになります。また，先を考えて計画的に少しずつ導入しておくことも，本格的な導入をよりスムーズにします。

　とはいっても，「そんな時間はどこにあるのか」と言う方もいると思います。そこで，帯活動の出番です。帯活動は，以上の２つの目的を達成するための機会を与えてくれます。５分前後の短時間で，期間を限定して，その時々の状況に合わせフレキシブルに行いましょう。

　それでは，私が行ってきたものを紹介します。

語彙（カードや Worksheet を使った語彙復習・拡充の活動）

　教科書には，生徒にとって必要な語句が絵で示されています。これをカードや Worksheet にして，クラス，ペア，個人で活動をします。
〈クラスで〉
　◆カルタ取り
　　教師が言う語句やその語句を含んだ文を聞いて，カードを取り合う。
〈ペアで〉
　◆１人が絵を見せ，もう１人が英語を言う。また，１人が英語を見せ，もう１人が意味を言う。

COLUMBUS 21 Book 1 p.94

◆１人が絵を見せ，もう１人はその語句を使って文を作る。
◆組み合わせゲーム
　・反意語や仲間になる語を組み合わせる。（動詞・形容詞）
　・「文房具」「衣類」「食べ物」などに分類する。（名詞）
　・自分の好きなものと好きでないものに分類する。（「食べ物」「スポーツ」など）

　私は，言語材料の導入・練習・復習に役立つように，計画的に絵やWorksheet を使って語彙の活動を行いました。私が，いつ，どのような語彙の活動をしたのかを示します。
　1年　動作を表す動詞，気持ちを表す形容詞，動詞の活用（過去形）
　2年　時を表す表現と場所を表す表現（この２つが日記に生きます），比較に役立つ形容詞と副詞
　3年　動詞の活用（原形―過去形―過去分詞），形容詞

文法の復習

生徒がOutputすると,「どの文法事項が間違えやすいか,混乱しているか」がわかります。この情報を帯活動に生かし,次のような活動を行います。

◆語順を意識して文を作ろう！

教師が語句を黒板にバラバラに書く。生徒に,その語句を生かして文をノートに書かせる。

◆ Grid

次のようなGridを作り,各スロットから語句を選んで,意味が通じる文を作らせる。

| It's | ① difficult
② easy
③ fun
④ important | for me | to | speak English
listen to music
get up early every morning
draw a picture with a computer
ride a bicycle
speak in front of my friends | . |

◆ Find the mistakes

生徒が共通して間違える文（例：He name is Masao.）を黒板に書

き（時間があるときは Worksheet を作り），"Find the mistakes." と言い，間違い探しをさせる。

◆並べ替えカルタ

フラッシュカード（または教師が作ったカード）を使い，黒板に語順をバラバラにして貼る。それを生徒に並べ替えさせる。

◆QA

教科書から，生徒に定着させたい疑問文とその答え方を選んで，Worksheet を作る。生徒は2人1組になり，1人が質問し，1人が答える。（どの質問文が答えられたかをチェックさせるとよい。）

〈Worksheet 例〉

> QA!! Ask your partners.
> 1. Do you have any plans for the summer?
>   → Yes, I do. + I'm going to visit my grandparents in Okinawa.
>   → No, not really. + I'll do my homework.
> 2. Do you get up early every morning?
>   → Yes, I have to get up at six.
>   ……

◆ミニスピーチ

毎回，生徒1人か2人に30〜60秒程度のスピーチをさせる。

◆ Three-Minute Writing

テーマ（自己紹介，昨日の出来事など）を決め，3分間でできるだけ多くの文を書かせる。

毎回，少しの時間ですが，"塵も積もれば山"となります。帯活動を取り入れてみませんか。

前時の文法事項の復習
再利用！

新しい教材を作るのではなく，今までに使った教材を生かす

前時の Listening 教材を

本時の Speaking に再利用

前時に導入した文法事項の確認

1度導入した新出文法事項，それ以降の時間ではどうしていますか。毎日の授業では，新しく導入する事項についつい意識が向きがちですが，「1度の導入＝定着」ではありませんね。導入した事項をいろいろな場面で何度も繰り返すことが必要です。

まず，導入した次の時間に，前時に導入した文法事項を復習しましょう。Warm-upや帯活動の後の時間を，この前時の復習に当てるといいでしょう。方法は「新しい教材を作るのではなく，前時に使った教材を生かすこと」です。前時に使用した導入のための写真・絵・小道具などを再利用しましょう。

教科書の活動を再利用

COLUMBUS 21 Book 2 p.61

前時に使った教科書の活動を復習のために再利用する例を紹介します。例えば，上のListening Taskを前時に行ったとしましょう。本時は次のような活動ができます。

◆ Speaking ──絵を見て文を言う

（　）に答えがすでに書いてあるので，それを見て，"Kevin wants to see 'Moon Wars'." "Saki wants to go to karaoke." と，文を言うことができます。さらに絵を見て，"I want to go shopping this weekend." などと，生徒に自分のことを言わせることもできるでしょう。

◆ Listening Task のスクリプトを使って
さらに，スクリプトを使って，いろいろな活動ができます。

〈スクリプト例〉

> Saki : Hi, Kevin. Are you free after school today?
> Kevin : Yes. Why?
> Saki : I'm going to go swimming. Do you (want) (to) come with me?
> Kevin : Well, I don't really want to go swimming today. How about basketball? You like basketball, right?
> Saki : Well, I (like) (to) watch basketball. But I don't (like) (to) play it very much.
> Kevin : How about a movie? We both like movies. I want to see "Moon Wars."
> Saki : "Moon Wars"? I saw that last week. OK, then, do you (want) (to) go to karaoke?
> Kevin : Oh, no, I like to listen to music, but I (don't) (like) to sing.
> Saki : Oh, that's right.... Hey, there's a bargain sale at South East Mall. Do you want to go and get some T-shirts?
> Kevin : OK. Sounds good. Let's go there.

⇒ Listening：スクリプトを見ずに（見て）もう1度聞く。
⇒ 音読：スクリプトを見ながら音読する。または，見ないでシャドーイング（Shadowing）する。
⇒ Writing：上のような（　）のあるスクリプトを見て，もう1度聞き，ブランクを埋める。（ブランクは復習したい文法事項の部分）

新出文法事項導入のための復習

　文法事項の復習は，新出文法事項の導入時にもできます。新出文法事項は，既習文法事項を復習（つまり再利用）しながら導入すると効果的です。「新しい文法事項を導入するために，今まで習った文法事項を使ってうまく対比できないかな」と考えてみます。

復習した後，新出文法事項の導入に移ります。

　例えば，上記のように「3人称単数現在」を導入するために，既習事項の「1人称現在」「2人称現在」を復習するとよいでしょう。

　「導入時に使った写真・絵・小道具などを再利用して復習しよう」と思うと，比較的気軽に復習できます。「再利用」をやってみませんか。

新出文法事項の導入
Form-Meaning-Use を表す例文で

導入するための4つのステップ

前時の復習の後は,本時のメインの1つとなる新出文法事項の導入です。新出文法事項を導入する場合は,以下の4つのステップで準備するとよいでしょう。

ポイントは,「新しい文法事項が,どのような形(Form)と意味(Meaning)を持ち,どのような場面で使われる(Use)かを理解させる」ことです。

Step 1：例文を考える

まず例文を考えましょう。日常どのような場面で使うかを考えることがスタートになります(参照：Point 22)。

Step 2：Situation, Function を考える

導入するのに使う例文を決めたら,次にその例文を使う場面(Situation)や機能(Function)を考えます。教室場面が使えない場合は,"Imagine we are at Tokyo Station." などと場面を設定します。

Step 3：どのような方法で導入するかを決める

教師の英語が中心となりますが,視覚に訴える方法を取ると,生徒の関心を引きつけ,理解の助けになります。教師は話しながら,絵や写真,ジェスチャーなどを使うとよいでしょう。

Step 4：説明の仕方を考える

新出文法事項の形(Form)や意味(Meaning)と,どんなときに使われるか(Use)を説明します。ただし,導入時には,説明は簡潔にす

ることがポイントです。長々と説明すると，生徒には情報過多になってしまいます。

導入例

ここでは，be going to をどのように導入するかの例を示します。

Step 1：例文を考える
教科書を見て，I'm going to visit my cousins in Okinawa. I'm going to practice basketball here. などの文が見つかりました。

Step 2：Situation, Function を考える
例文から「すでに予定していることを言う場面」を設定することを考えました。そこで，「カナダに住んでいる友達が日本にやって来るので，友達と何をするのか予定を話す」という場面にしました。

Step 3：どのような方法で導入するかを決める
友達の写真や，友達とすることを表す写真を使いながら導入することにしました。

Step 4：説明の仕方を考える
板書した新出文法事項の文にアンダーラインをして，形（Form）に注目させた後，その文の意味（Meaning）と，どのような場面で be going to が使われるか（Use）を考えさせることにしました。最後に，教師から「すでに予定していることを言う場合は，"be 動詞 + going to + 動詞の原形"を使って表します」と，シンプルに説明することにしました。

ということで，実際の授業の場面[1]をご覧ください。

---

[1] 太田（2009）

Form-Meaning-Use の確認

このように，生徒との Interaction を行いながら導入した後，黒板の写真を使いながら，be going to の Form-Meaning-Use の確認を行います。

We're going to... と途中まで言いながら，生徒に後を言わせる（考えさせる）ことで，be going to の形に意識を向けさせます。

　いかがでしょうか。この導入は1つの例です。導入が終わったときに，生徒が Form-Meaning-Use が理解できていれば OK です。

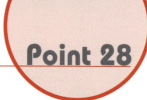

新出文法事項の練習
Meaningful Drill のための3つのコツ

1度目の出会いは力まずに

　新出文法事項を導入したら，次は練習をして文法事項の定着を図ります。Drillの場面ですね。ここは1度目の出会いですから，簡単に定着させることはできません。むしろ「新出文法事項を聞く機会，発音する機会を作り，慣れさせよう」という力まない姿勢が大切です。1度目の出会いで何度練習しても，短期的には定着しますが，たいていは忘れてしまうのですから。

 3つのポイント

　せっかく行うDrillですから，Form-Meaning-Useを考えたDrillにしましょう。そのためのポイントを3つ示します。

◆場面を設定する
◆自己表現させる
◆選択させる

　それでは，この3つを考えたDrillの例を示したいと思います。

例文を考え，それが使われる場面を考える

　Point 22「活動は例文が命！」の要領で，教科書等から例文を集め，Drill に使えそうなものを選びます。その例文を見たら，「こういう場面で使う文」ということがすぐ浮かび，一部を変えれば，複数の文ができるようなものを選ぶとよいでしょう。例えば，There is a good Italian restaurant near the station. という文を基に，「(自分の町の) ショッピングセンターにあるものを紹介してみよう」という場面を設定し，Drill をすることができます。場面設定と同時に，「自分が紹介したいものを紹介する」という自己表現の要素も加わります。

　場面設定をするときは，新出文法事項の導入の場面をそのまま生かしてもよいでしょう。例えば Point 27 の場面をそのまま生かし，「みんなだったら，どこに Andy を連れていく？」と投げかければ，be going to の文を言わせる Drill ができます。

教科書本文・練習問題の場面を利用する

　教科書本文や練習問題には場面が設定されています。それを生かすのも 1 つの方法です。例えば，一般動詞の過去形の練習をするときは，次のページに示した Listening の活動をした後，「みんなは冬休みに何をした？」と問いかけて，自分のことを言わせることができます。音声教材に，"I visited a temple with my classmates on New Year's Day." "I tried *osechi*." といった文が出てくるので，それらの文を使って，生徒に，初詣に行ったかどうか，おせち料理を食べたかどうかを言わせるとよいでしょう。

また，この Unit の教科書本文 は，"Did you enjoy New Year's Eve?" "Did you try *toshikoshi soba*?" と，登場人物が大晦日のことを尋ね合っている場面なので，それを生かして What did you do on New Year's Eve? と問いかけ，自分がしたことを言わせることもできます。

【1】Tina がニューヨークのおじいさん，おばあさんにボイスメッセージを送りました。
Tina が冬休みにしたことや食べたものには○，そうでないものには×を（ ）に付けましょう。

COLUMBUS 21 Book 1 p.125

Min-ho：Happy New Year, Tina.
Did you enjoy New Year's Eve?
Tina：Yes, I did. We visited our friend's house.
Aya：Did you try *toshikoshi soba*?
Tina：*Soba*? No, I didn't. Why?
Aya：We usually eat *soba* on New Year's Eve.
Tina：Really? Why?
Aya：Because *soba* is long. It's a sign of long life.

COLUMBUS 21 Book 1 p.122

COLUMBUS 21 Book 1 p.94-95

Word List を示して

　今までに挙げた Drill は，「場面を設定する」「自己表現させる」を考えて工夫したものですが，このときに問題となるのは語彙です。生徒が言いたくても語句を覚えていない，知らないので言えないということが起こります。そのようなときは，Word List を与えて自分の言いたいことを選択できるようにしましょう。上のようなページを示しておけば，生徒は，What did you do last Sunday? などの質問に答えて，自分のしたことを肯定文で言ったり，しなかったことを否定文で言ったりする Drill ができます。

　Form-Meaning-Use を考えた Drill を工夫して，同じ口慣らしでも，意味のある口慣らしの機会にしませんか。

Communicative Activity
「使う」機会を与える

場面設定と目的を考える

　練習で口慣らしをした後は，新しく習った文法事項を「使う」機会を与える Communicative Activity の出番です。ポイントは2つあります。

　1つは場面設定です。新出文法事項を実際に使う場面を設定し，「ああ，こういう場面で使うんだ」と生徒に実感させることが大切です。

　もう1つはコミュニケーションの目的をはっきりさせることです。目的がなければ，機械的な言葉の練習になってしまいます。目的を設定する工夫はいくつかありますが，その1つは Information Gap です。

Information Gap を作り出す

　2人に違う情報を与え，お互いの情報を伝え合わせるのが Information Gap を利用した Pair Work です。例えば，下のような2枚の絵を用意し，お互いに相手の絵が見えないようにしてどこが違うかを当てさせます。この Information Gap では，次のページのような現在進行形の文のやり取りが自然に行われることになります。

COLUMBUS 21 Book 1 p.149

COLUMBUS 21 Book 1 p.150

A : Is Anna playing basketball?
B : No, she isn't.
A : What's she doing?
B : She's playing soccer.

　もう1つ例を挙げましょう。下の例は，小さいころに就きたかった職業について話す活動です。これを，「自分と同じ職業に就きたかった人を探しましょう」とします。そうすると，目的ができ，その目的のために want to... という言い方を繰り返し使います。

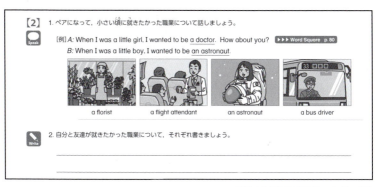

COLUMBUS 21 Book 2 p.61

Controlled Communicative Activity からその先へ

　この2つの例は，情報が与えられていて自分の言うことが決まっているので，Controlled Communicative Activity だと言えます。これをさらに，今まで習ったことを選択して使う Communicative Activity にすることができます。

　例えば，最初の例では，生徒に教科書のイラストを選んで自分ができる範囲で描写させ，他の生徒にどのイラストかを探させる活動が考えられます。2番目の例では，「今の日本の中学生に人気の職業とその理由を言ってみましょう」と指示すれば，今まで習ったものを選んで使う活動になるでしょう。

　Controlled Communicative Activity からさらにもう1歩進んでみることも考えてはどうでしょうか。

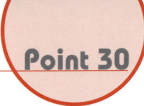

Point 30

1度だけでなく，技能を変えて何度も
統合的な活動を手軽に

お互いが補強し合う

COLUMBUS 21 Book 2 p.25

Nick : Hi, Min-ho. Do you have any plans for next Sunday?
Min-ho : Yeah, I'm going to play basketball next Sunday. We're going to have a practice game.
Nick : OK. Good luck! I hope your team wins.
Min-ho : We sure will! Thanks.

Nick : Hi, Taku. How about you? Do you have any plans for next Sunday?
Taku : No, I don't. Why?
Nick : My grandfather's birthday is coming soon, so I'm going to go shopping on Sunday. Can you come with me?
Taku : Sure. Let's look for a nice present for him.

スクリプト

Activity をただそれだけで終わらせてしまったら，もったいないと思いませんか。何か1つの技能を使った活動をしたら，「他の技能にもっていけないかな」と考えると授業の幅がぐっと広がります。

　統合的な活動の利点は，同じ活動を2つ以上の違った技能を使って繰り返すので，お互いが補強し合うということです。例えば，「聞いたことを基に書く」という活動の場合，聞いた英語を書くことで，同じ英語に2度触れるため，使われている語句や文の定着の促進を助けます。また，同じ場面を利用するので，新たに場面を示す必要がなく効率的です。

　それでは，毎日の授業の中で技能を絡める例をいくつか紹介します。まず，左ページに示した Activity を例に取りましょう。

● Listening 活動から

スクリプトを読む

➡ スクリプトを読む
　Listening 活動の答え合わせが終わったら，スクリプトを配り，それを音読したり Shadowing したりする。
➡ ポイントとなる文を書く
　答え合わせが終わったら，ポイントとなる文をディクテーション (Dictation) する。

● Speaking 活動から

コメントを書く

➡ 話したことを書く
　自分が話した来週の予定を書く。
➡ 書いたことを読み合う
➡ コメントを書く
　同じ予定なら Me, too. / I must study it, too. などと書く。
➡ 友達のコメントを読む

● Writing 活動から

「夏の思い出　過去の体験について話そう」を例に取ります。この活動は，教科書にある Yuta の夏休みの思い出の例を参考に自分の思い出を書く活動です。

【2】Yuta の文を参考に，あなたの夏休みの思い出を英語で書いて発表しましょう。

During the summer vacation, I went to ＿＿＿＿＿ because ＿＿＿

COLUMBUS 21 Book 2 p.62

友達が書いたものを読む

➡書いたものを読む
➡返事を書く
➡返事を読む

　書いたものをお互いにシェアする。まず，友達が書いたものを読む。あとは前述の Speaking 活動と同じ流れで，「書いたことを読む→返事を書く→返事を読む」となる。

教師が読み上げてクイズにする

➡書いたものを集める
➡教師は書いたものを読み上げる
➡生徒たちはそれを聞く

　クラス全体でシェアすることもできる。教師は書かれたものを読み，生徒たちはそれを聞く。聞かせる際に，誰が書いたかを当てる "Who am I?" にもっていくことができる。

● Reading 活動から

　Reading の場合は，教科書本文を読んだ後に，いろいろな活動ができます。理解した内容を書いたり話したりすることで統合的な活動になります。

COLUMBUS 21
Book 2 p.6

➡ 読んだ後に，頭に残っている語句や文を書く（または話す）
➡ 教科書を閉じて QA をする

教科書を閉じて QA をする

※本文を読んだ後の活動は，PART 4 で取り上げます。

本文の内容について「書く・話す」活動を行った後は，その内容を使って，生徒が自分のこと（身の回りの人・こと）を「話す・書く」活動もできます。

　前のページの本文（Book 2 p.6）なら，1～3行目の内容（Hello. My name is Christina Rios. ... I came to Japan with my family last year. Before that I lived in New York City.）を使って，ALTのことを話したり書いたりすることができます。

　あるいは，最後の1文（Here's a picture of my best friends, Yuri and Sarah.）を使い，生徒に写真を持ってこさせて，昔の友達のことを話したり書いたりすることもできるでしょう。

ALT Newspaper

This is our English teacher. Her name is Janet Smith. She came to Japan last year. Before that she lived in Sydney, Australia.

　いかがでしょうか。いずれも「なんだ。その程度か」と思ったのではないでしょうか。そうですよね。でも，「その程度」をプラスすることで，英語が残りやすくなるならよいと思いませんか。

PART 4

授業を
どう展開するか②
──教科書本文の扱いを中心に

この PART では，教科書，特に本文をどのように使うかを考えます。

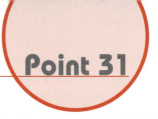

Point 31

意味の取らせ方は？
Bottom-up と Top-down の両方で

いつも1文ずつ？

　理解のさせ方，意味を取らせる方法はどのようにしていますか。よくある方法は，ボトムアップ（Bottom-up），つまり1語ずつ，1文ずつ意味を取る方法です。もう1つはトップダウン（Top-down），背景知識を使いながら全体の意味を取る方法です。

虫の目と鳥の目で

　Bottom-up と Top-down の違いは，ちょうど左の絵のような感じです。虫の目で1本1本の花の様子を見るのが Bottom-up。鳥の目で上空から花畑の全体を俯瞰するのが Top-down です。花は文 (Sentence) だと考えてください。花畑は文章（Passage）です。

　Bottom-up には1文ずつきちんと意味が理解できるメリットがあります。しかし，この方法の欠点は，**1文1文の意味はわかっても，最終的に文章全体として何が言いたいのかが理解できない**ことです。そして，読むスピードがつかないことです。Top-down はその逆です。どちらにも長所と短所があるので，文章を理解するときは Bottom-up と Top-down の両方が必要になります。

意外にできる Top-down

　「何が書いてあるかな」と，さっと全体を見通す読み方は誰もが日常的にしていることでしょう。でも，英語の授業では Top-down の指導は案外行われていないようです。「生徒たちにはそんなことできない」という先入観が強いのが原因かもしれません。実際は，予備知識を持たせたり背景を説明したりすることで，意外に Top-down の読み方はできるものです。例えば，「イタリアの話だよ」と告げれば，「サッカーの話かな？」と生徒たちは予想するのですから。

　それでは，具体例をいくつか示しましょう。

COLUMBUS 21
Book 2
p.23

●タイトルを使う

　Unit のタイトルを見せて，その Unit の内容を推測させます。例えば，上の Unit は，登場人物がそれぞれの夏休みの予定を話すという内容です。タイトルが "Plans for the Summer" ですから，Do you have any plans for the summer? と生徒に尋ねます。生徒が答えられない場合は，教師がヒントを与えます。そして，教科書の登場人物の絵を見せて，How about Tina? What are her plans for the summer? と尋ね，推測させます。他の登場人物の予定も推測した後，Unit 全体を読ませ(聞かせ)ます。

●絵・写真・ピクチャーカードを使う

　絵・写真・ピクチャーカードを見せて，What can you see in this picture? と質問し，本文に出てくる語彙を導入したり復習したりします。次に，5W1H の疑問文を使って本文の場面に関しての導入をします。次のページに示した Unit は，Aya が夏休みに沖縄で経験したことをス

COLUMBUS 21
Book 2
p.55

ピーチするという内容です。Bの写真からbeachやseaなどの語彙を導入したり，Cの写真を示しながら，Where is this? What did Aya do in Okinawa? と質問したりします。

●ピクチャーカードを使って並べ替え

　Unit全体がストーリーになっていて，場面の動きがある場合の適切な方法です。黒板にピクチャーカードをバラバラに貼り，何度か読ませ（聞かせ）て並べ替えさせます。

　入試問題では，語数の多い文章をざっと読んで，文章全体として何が言いたいのかを理解する力が求められます。そこで必要になるのはTop-downの理解の仕方です。Top-downの意味の取らせ方，取り組んでみませんか。

Point 32

いつもワンパターンでなく
本文ページの内容理解の方法①

COLUMBUS 21 Book 2 p.56

内容理解の３つの方法

　Unit全体をざっくりととらえたら，今度は教科書本文の各ページの内容理解に進みます。皆さんは内容理解をどのようにしていますか。本文の内容・形式や生徒の状況に合わせ，いろいろな方法を知っておきたいものですね。

　私は本文の内容理解を考える際に，主に次の３つの方法を意識しています。上の本文を扱う場合の例を示しましょう。

●Guiding Question

　実生活では，たいてい何か目的を持って「読み・聞き」します。ところが，教室では，本文を「読む・聞く」場合，生徒たちは明確な目標を持っていません。Guiding Question は，本文の概要・要点をつかませるための質問で，生徒に読む目的を与えることがねらいです。

　例）This summer Aya went to Okinawa. What did she do there?

●絵などを使った Oral Introduction

　教科書掲載の絵を見せながら，次のようなやり取りをします。
　例）T : Who is this girl?
　　　S : She is Aya.
　　　T : That's right. She went to Okinawa this summer. What can you see in the picture?

　ここでは Introduction をすることがポイントです。やり取りの中で内容の導入をして，さらに知りたいというところで止め，その後を生徒に聞かせたり読ませたりします。必要以上に内容を教えてしまわないように気をつけなければなりません。生徒の現状や授業の目的を考慮して，どこまで Introduction するのかを考え，実際に「読み・聞き」取らせてみましょう。

●Reading / Listening Point を与えた「読み・聞き」取り

　「このページの Aya のスピーチにタイトルをつけよう」と投げかけます。タイトルをつける活動は概要をとらえるのに有効です。
　また，最初に次のような質問を与え，その質問に答えるために読んだり聞いたりさせることも有効です。
　例）Where did she stay? / Where did she go every day? /
　　　What did she enjoy? / What did she see there?

　英語と日本語のどちらで尋ね，どちらで答えさせるかは，生徒の現状や授業の目的に応じて決めるとよいでしょう。

Point 33

細かい部分も理解させよう
本文ページの内容理解の方法②

Top-down だけではだめ

　教科書本文の概要や要点をつかむ Task が終わった後，すぐ本文の音読に入る授業をよく見ます。それだと意味がわかっていない部分を音読することになってしまいます。詳細理解の Task を行い，まだ理解できていない部分を読ませ（聞かせ）ましょう。

　詳細理解としては，次の Task が考えられます。

- ◆**代名詞**：代名詞が何を指しているのかを考えさせる。
- ◆**省略**：Some enjoy skiing. などの文で，Some の後に何が省略されているのかを考えさせる。
- ◆**文の意味**：日本語に訳しただけではわからない文の意味を考えさせる。
- ◆**単語の意味**：前後から単語の意味を推測させる。
- ◆**Minor point の意味**：Target Structure にはなっていないが，意味を押さえたい語句や文について考えさせる。例えば，下のような Worksheet を用意する。

〈Worksheet 例：any, some について理解させる活動〉

```
any
    Do you have any brothers?
    —— No, I don't have any brothers.
    I have some CDs, but Jiro doesn't have any.
 ☆any, some はどんなときに使うのだろう？
    Rule → [                    ]
 Task (Put in any or some.)
    Do you have ___ sugar?
    —— No, I don't have ___, but Helen has ___.
```

説明ではなく，考えさせる

　詳細理解の活動をする際のポイントは，「教師が説明するのではなく，**生徒に考えさせる**」ことです。教師が説明して生徒はメモする形式にすると，どうしても生徒は受け身になります。しかし，生徒に考えさせることは時間がかかるので，前述のような活動は全てできないと思います。そういうときは，「このページではどこを考えさせよう」と決めるとよいでしょう。

　Point 32 で取り上げたものと同じ教科書本文で，詳細理解の活動を考えてみましょう。

（スピーチでよく使う表現を抜き出す。）　　（それぞれ，どこ，誰を指しているか考えさせる。）

　Hello, everyone.　Today, I'm going to talk about my experience in Okinawa.　My grandfather lives there, and I stayed at his house this summer.

　I went to the beach with my cousins every day.　I enjoyed swimming in the sea.　It was amazing.　The sea was beautiful and the people of Okinawa were very friendly.　I had a great time.

COLUMBUS 21 Book 2 p.56

（意味を推測させる。よい意味かどうかを問う。）

　概要や要点の理解をして終わりでは，生徒には，本文で理解できない部分が残ります。詳細理解はなくてはならない活動です。

「読み」を深める
教科書（本文）を扱うときに考えることは

理解したら終わりではもったいない！

　教科書本文の理解が「概要・要点 ⇒ 詳細・教師の説明」と進むと，次は，音読に行って，本文の扱いが終了するという場合が多いようです。そのような授業を見ていて，私がふと思うことは，「本文の話題や内容が違っていても，いつも事実をつかんで終わりだなあ」という点です。「事実をつかんでから，さらに」を考えると，より深い「読み」ができ，その本文を扱った意味が出てきます。

　私は，「この本文で言いたいことは何かな？」と思って本文を読んでいます。そうして何度も読んでいると，本文の言いたいことが見えてきます。私が深い「読み」を考える際のポイントは，次の3点です。

◆Message
◆Inner voice
◆For example

それでは，1つ1つ具体例を挙げながら説明していきます。

Message

　「登場人物が一番言いたいことは何だろう」「このページの Message は何だろう」と問いかけ、「英文を読んで、文か語句にアンダーラインをしよう (Read & Underline)」と指示します。全体でシェアする前に、ペアで自分がアンダーラインをした文や語句を言い合うようにさせます。その際、どうして選んだか理由を付け加えさせるとよいでしょう。

　この活動は、答えを1つに決めることではありません。「Message は何だろう」と思い、深く読むこと自体に意味があります。

　例えば、次のような場面があります。日本の中学生がカンボジアから来た先生にカンボジアの中学生のことを質問している場面です。

Taku : What are some of the dreams your students have?

Ms. Sarim : First, graduating from school, and second, getting a job.

Taku : Graduating?

Ms. Sarim : Yes. In Cambodia, finishing school is not so easy for some students. They have to earn money. They don't have enough time to study.

Taku : Oh, that's a pity.

Ms. Sarim : But my students always try hard. They want to be helpful to other people. For example, many of them want to be teachers or doctors.

Taku : I see. I hope their dreams come true.

COLUMBUS 21　Book 3 p.50

　ここでは、「サリム先生が言いたいことは何でしょう。Please read the text again and underline a sentence or words.」と指示をして Message を考えさせます。1人で考えた後、ペア、クラスの順でシェアしていくようにします。友達の考えを聞いた後、もう1回本文を読んで考えさせると、「読み」がさらに深まります。Team Teaching の場合は、ALT にも「考え」を言ってもらうとよいでしょう。

Inner voice

全ての発話には意図があります。**日本語に訳しただけでは表面的な理解にしかならないとき，Inner voice が効果的**です。「このときに思っていることは何ですか」と問いかけます。答えは日本語でかまいません。

Tina :	May I ask something?
Ms. Brown :	Sure.
Tina :	Do you miss Australia, Ms. Brown?
Ms. Brown :	Yes, a bit. Why?
Tina :	Well, I sometimes miss America, too.
Ms. Brown :	Oh, that's natural, Tina. But are you enjoying your life in Japan?
Tina :	Yes, I am. I have a lot of good friends here.
Ms. Brown :	That's great.

COLUMBUS 21 Book 1 p.114

しばらく学校を休んでいた Tina が，Ms. Brown に Do you miss Australia? と尋ねる場面です。ここで「Ms. Brown は That's great. をどんな気持ちで言ったのでしょう」と尋ねます。生徒は，ホームシック気味の Tina に対する Ms. Brown の気遣いに気づくと思います。クラスで意見をシェアした後，音読させるとよいでしょう。

For example (Inferential Question)

　教科書本文では時々，Tina had a lot of fun. などの文の後に，具体的に何も書かれていない場合があります。そのようなときは，For example (Inferential Question) の出番です。Tina had a lot of fun. What did she do? Please guess. などと指示して，"a lot of fun" の内容を想像させます。Inferential Question とは，本文には直接答えが書かれていないので，行間を読んだり推測したりして答えさせる質問のことです。

　例えば，Tina と Ms. Brown の対話の場面では，"miss America" の具体例を考えさせることができます。Team Teaching の場合は，生徒各自に具体例を推測させた後，ALT に話してもらうとよいでしょう。

　深い「読み」をするために，もう1度本文を読み直すという点がこの活動の特徴です。

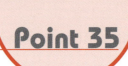

前時の教科書本文の復習
英語を頭の中に残しやすくする

前時に扱った本文にもう1度触れる

　1回学習しただけでは定着しないのは，教科書本文も同じです。そこで復習が必要になります。復習することで，教科書の内容を思い出し，本文の英語を頭の中に残しやすくしましょう。
　今回は5分程度でできる活動を紹介します。

CDを使って

　黒板にピクチャーカードを貼ります。生徒はそれを見ながらCDを聞きます。聞いた後に，頭に残った語句や文を言わせます。ここまでは教科書を見ないで行い，その後，教科書を見せ，音読させるとよいでしょう。生徒たちから，「ああ，そうだった」などの声が聞こえると思います。

CDを聞く

頭に残った語句や文を言う

音読・黙読をして

次は音読や黙読をした後の活動を3つ紹介します。

1つ目は，読み終えた後，教科書を閉じ，頭の中に残った語句や文を言わせます。次は，教師が英語で質問を出し，生徒は教科書を見ないで答えます。「教科書を見ないでQA」はSpeakingへの橋渡しの活動になります。教師からの質問は，教科書の内容の事実を尋ねる質問だけでなく，生徒自身のことを尋ねる質問（例：本文が夢のことなら，What do you want to be? など）もするとよいでしょう。また，口頭作文（教師が本文を日本語にして言い，生徒はそれを英語で言う）をしてもよいでしょう。口頭ですから，時間をかけずにできます。全部の文を言わせるのではなく，生徒たちの頭に残させたい文を選んで行いましょう。

教科書クイズ
時にはこんな教科書本文の復習も

いろいろな機会をとらえて

　Point 35 では，前時に扱った教科書本文の復習の仕方を示しました。教科書本文の復習はそれだけで終わることなく，いろいろな機会をとらえて行いたいものです。いろいろな方法で何度も繰り返すことで，教科書本文の英語が頭の中に残るようになるからです。

気軽に復習できる「教科書クイズ」

　1か月前，3か月前，半年前，1年前，それ以上前に学習した教科書本文の内容を復習することも時々行ったらどうでしょうか。
　その方法の1つとして「教科書クイズ」を紹介します。教科書本文では，登場人物がいろいろな場面でいろいろなことをします。それを生かし，「この登場人物は誰だっけ？　何をしたか覚えているかな？」と投げかけて，その登場人物に関連した質問をします。生徒は答えるために教科書を読み直すという活動です。

　やり方は以下のとおりです。

①まず教師が復習させたいページから質問文を作り，質問をします。

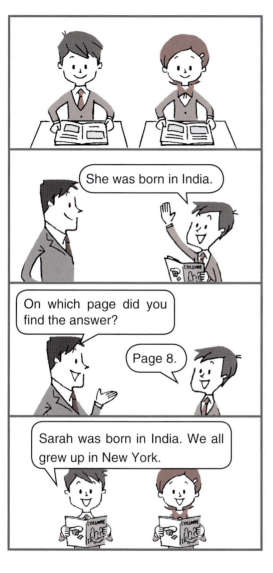

　この後は，Point 35 で示した教科書本文の復習の活動を，必要に応じ時間に合わせて行うとよいでしょう。
　質問は，登場人物に限らず，本文の内容に関してであれば何でもかまいません。定期テスト前の復習の時間や帯活動の時間などを使って，時々「教科書クイズ」をやってみませんか。

Point 37

Interaction はいつでも気軽に
How about you? と言えれば OK！

How about you? と言える箇所を探す

　Interaction は特別なことではありません。「これから Interaction をするよ」と構えて行うのではなく，How about you? と生徒に尋ねたいこと（文・文章・話題）が見つかれば，そこが Interaction のチャンスです。

　教科書本文を「How about you? と尋ねる部分がないかな」と思って見直すと，意外にあるものです。いろいろな話題を取り扱っている教科書本文は「宝の山」です。

シンプルな Interaction

　Interaction のやり方はとても簡単です。

　右ページを見てください。How about you? と尋ねたい部分を教科書本文から見つけたら，その部分をもう1度音読し，教師が How about you? と生徒たちに尋ねます。本文のトピックに関して質問することもできます。その質問に生徒が答えるというシンプルな Interaction です。

　教師が投げかけた後，生徒同士で Interaction を行わせてもよいでしょう。もちろん，生徒がうまく言えないときは，生徒が言いたくても言えないことを教師が英語で返してあげればよいのです。

　大切なのは，How about you? と尋ね，気軽に Interaction を始めようとすることです。「How about you? と尋ねる部分はないかな」と思って教科書を見てみませんか。

①How about you? と尋ねたい教科書本文の部分を音読します。

②尋ねたいことをはっきりさせ，How about you? と質問します。

③生徒が考える時間をとります。

④生徒がうまく言えないことを教師がフォローしながら，Interaction を行います。

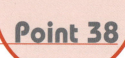

Point 38

教科書本文はどう繰り返す？
同じページを1回，2回…5回

いろいろなやり方で何度も

教科書本文を何回ぐらい繰り返していますか。どうやって繰り返していますか。導入時，次の時間の復習時には，聞く機会，読む機会，音読する機会を作り，できるだけ繰り返すことを意識しているのではないかと思います。

ところが，それ以外の時間ではどうでしょうか。繰り返す際のポイントは，「複数の時間にいろいろなやり方で何度も同じページに触れること」です。

5回繰り返す方法は…

COLUMBUS 21 Book 1 p.132

例えば，左の本文を例に考えてみましょう。この Unit は "Tina and Japan" というタイトルで，ニューヨークから日本の中学校に来て1年になる Tina にクラスメートがインタビューするという内容です。

複数の授業時間に，いろいろな活動で，このページを5回繰り返す方法を紹介します。

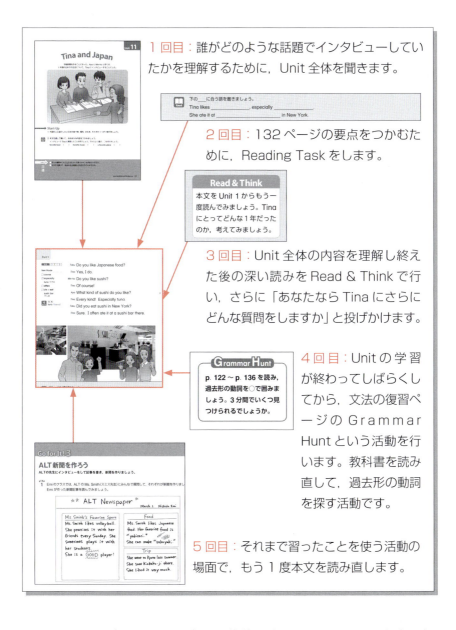

1回目：誰がどのような話題でインタビューしていたかを理解するために，Unit 全体を聞きます。

2回目：132ページの要点をつかむために，Reading Task をします。

3回目：Unit 全体の内容を理解し終えた後の深い読みを Read & Think で行い，さらに「あなたなら Tina にさらにどんな質問をしますか」と投げかけます。

4回目：Unit の学習が終わってしばらくしてから，文法の復習ページの Grammar Hunt という活動を行います。教科書を読み直して，過去形の動詞を探す活動です。

5回目：それまで習ったことを使う活動の場面で，もう1度本文を読み直します。

　いかがでしょうか。このように，複数の時間にいろいろなやり方で何度も同じページに触れると，教科書の英語が頭の中に残りやすくなりますね。このような繰り返しの方法，試してみませんか。

Retelling のススメ
1，2年前の教科書を使いましょう！

過去に習った教科書本文を使う

　決まった会話をするのではなく，Output の活動をさせたいと思う教師は多いはずです。「でも，いきなりスピーチはできないし，どうしよう…」——最近，私がよく聞く悩みの1つです。

　そのようなときにおススメしたいのが，「1年前や2年前の教科書を使っての Retelling」です。活動は，普通の Retelling，つまり読んだ内容を話す（説明する）活動ですが，習ったばかり（理解したばかり）のものでなく，過去（1年前，2年前）に習った教科書本文を使うところがポイントです。

「これなら言えそう」と思えるところを

　すでに習った教科書本文を使うので，生徒にとって理解するのは簡単です。理解することにエネルギーを割かなくていい分，Output に集中することができます。そこで，そこまでに習った文法事項や語句をできるだけ使って表現するように促します。

　例えば，自分が教えている生徒が3年生だとすると，1年生または2年生の教科書本文から，生徒が説明しやすい Unit（レッスン）を選びます。どれだけ前の教科書本文を使うかは，生徒にとって，その本文がどれだけ簡単に感じるかによります。生徒が「理解するのは簡単だから，内容は言えるだろうなあ」と思えるくらいのところを選ぶとよいでしょう。

　選ぶ際のもう1つのポイントは，ピクチャーカードを見て，内容が思い出しやすく言いやすいものということです。

具体的な進め方は

COLUMBUS 21 Book 1 Unit 4 から具体例を紹介します。この活動の流れは，私が横浜市の西村秀之先生と一緒に考えて，3年生に行った活動を基にしています。

Step 1：教科書黙読＆内容確認

Book 1 の Unit 4 を開き，さっと黙読して内容を思い出します。ペアで内容を確認します。

Step 2：Retelling in pairs（1）

教科書の絵またはピクチャーカードを Worksheet にします。生徒は，Worksheet を見て，教科書本文の内容をペアで Retelling します。

＜ Retelling 例＞

（①の絵を指しながら）
　This is Taku.
（②の絵の3人の友達を指しながら）
　These are his three friends, Min-ho, Aya and Tina.
　They are Taku's friends. They live in Honcho.
（③④の絵を指しながら）
　Min-ho's favorite sport is basketball. He's on the basketball team, but Taku doesn't play. He plays the guitar.

Retellingは，教科書本文の文をそのまま言う活動ではなく，絵と本文の内容を，そこまでに習った文法事項と語句を使って表現することです。例えば，3年生の段階で，1年生のUnit 4をRetellingすれば，3人称単数現在の文を使ったり，He likes to play basketball.のように不定詞を使ったりして表現することができます。

Step 3：Reading the text

　Unit 4の本文をもう1度読みます。ここで，Step 2で自分が話したことを振り返ることができます。RetellingでOutputしたからこそ，教科書本文の表現へ意識が向きます。

Step 4：Retelling in pairs（2）

　ここで，もう1度Retellingをします。生徒は1回目のRetellingとの違いを実感します。余裕が出てきた場合は，本文の内容と一緒に自分のことを言わせるとよいでしょう。

Step 5：Presentation

　数人の生徒が，黒板に貼ってあるピクチャーカードを使ってRetellingをします。教師は，Feedbackをします。

ここで忘れてはならないのは，「生徒が発話したときこそ，文法指導のチャンス」ということです。生徒が Retelling をしているとき，教師はモニターをし，必要に応じて活動の途中や後で，生徒が共通でつまずいている点を取り上げて「ミニ文法レッスン」（間違いを黒板に書いて気づかせるなど）をするとよいでしょう。この Retelling では，He favorite sport is basketball. としてしまうなど，代名詞の使い方はよく間違えるところです。

　これで，ひと通りは終わりですが，時間があればさらに次の活動をして，Retelling で使う文法や表現の幅を広げることができます。

Read & Underline ── ALT's model

　ALT に，1，2年生で学習した文法事項や語句をできるだけ使って，Retelling の例を書いてもらいます。それを Handout にして生徒に配ります。生徒は読んで，自分が使おうと思う文や表現にアンダーラインをします。その後で Retelling をさせると，ALT が使っている表現を真似て使うことができるので，生徒たちの Retelling はさらに豊かなものになります。

Retelling はいつでもできる

　Retelling の活動はいつ行ってもかまいません。帯活動として，ある時期に集中して行ってもよいですし，月に1度ずつ，あるいは毎日少しずつ行うこともできます。私が中学で教えていたときは，「ALT に教科書の内容を報告しよう」という活動で，ALT が来たとき，2週間に1度行っていました。今まで習ったことを Output の活動を通して復習するという目的で，いつにするのかを決めるとよいと思います。
　今まで習ったことを try out する機会を与える Retelling，やってみませんか。

Read & Underline のススメ
教科書の題材について意見を言わせたいなら

生徒に意見や感想を言わせたい。でも…

　教科書の本文は，生徒たちに考えさせたり気づかせたりしたいことがいろいろ詰まっています。内容を理解させて，音読をさせて，それで終わりではもったいないと思います。

　とはいっても，生徒の現状を考えると，「生徒に意見や感想を言わせたり書かせたりするのは難しい。だからやりたいけれど，やれない」と言いたくなるのも理解できます。

　意見や感想を表現できない理由は，いくつかあります。そのうちの1つは，Point 6 でも触れたように，Output に十分な Input ができていないことです。私たちが環境問題などの話題について意見や感想を述べる場合も，Input があるのとそうでないのとでは，意見の言いやすさが違ってくると思います。英語学習の初学者である生徒にとっては，なおさらのことです。

アンダーラインならできる

　そこで，Read & Underline です。Read & Underline とは，「意見や感想を言わせるために，教科書などを読み，アンダーラインをして，その部分を音読したりノートに書いたりする」という活動です。

　それでは，具体例を使って活動手順を説明します。

　次のページに示した Unit は，日本に住んでいる外国人が，日本についてのインタビューに答えている内容です。

　「読んだ後，意見や感想を言わせたい」と思った場合，次のような手順で Read & Underline を行います。

Step 1：
　本文を読んで，自分が共感したり反対だと思ったりした箇所にアンダーラインさせます。アンダーラインした理由や感じたことを日本語で言わせてもよいでしょう。

Step 2：
　生徒はペアになり，アンダーラインの箇所を音読してシェアします。音読した後，I agree / don't agree with this idea. などと付け加えさせるとよいでしょう。さらに，教師は数名を指名し，クラスでシェアします。

COLUMBUS 21　Book 3 p.20

　Optional activity として，ALT に読んだ感想や意見を書いてもらい，それを生徒に読ませてもよいでしょう。生徒は ALT の書いた文章を読み，Step 1，2 の要領で Read & Underline を行います。

　ここまででも，First step としては十分ですが，さらに実際に言わせたい，書かせたいという場合は，次の Step に進みます。

意見・感想は日本語，できるところから英語に

> I think there are too many vending machines in my city. We must 節電. For example, turn off the lights 教室を出るとき.

> I think there are too many vending machines in my city. We must save electricity at home and school. For example, we can turn off the lights when we leave the classrooms.

> I think there are too many vending machines in my city. <u>We must save electricity at home and school.</u> For example, we can turn off the lights when we leave the classrooms.

Step 3：
　意見や感想を日本語で簡単に書きます。英語で書ける生徒には，語順を考えながら，できる範囲で英語で書かせます。

Step 4：
　生徒の意見を回収します。よい意見を選び，ALT に頼んでそれを生徒が理解できる範囲の英語に直してもらい，Handout にします。

Step 5：
　できあがった Handout について，Step 1, 2 の要領で，Read & Underline を行います。

　できあがった Handout には友達の意見が載っています。自分の意見と同じものや近いものがあれば，それがよい「Output のための Input（自分の意見や感想を表現するためのモデル）」になります。
　Read & Underline，やってみませんか。

より豊かな
授業のために

この PART では，評価，振り返り，文法のまとめなど，授業をより幅広い視点から考えます。

授業をした後は
やりっぱなしでは？

終わった後が大切

　その日の授業を終えた後，職員室に戻りますね。ほっと一息つく間もなく，また次の仕事です。私たちは，次の仕事，次の授業と，「次」にすぐ目が向きがちです。しかし，「次」をよりよいものにするためには，終わったばかりの授業を振り返ることをおススメします。

　少しの時間でもよいので振り返ってみましょう。3分でもこの時間を取ることが授業力アップにつながります。自分の授業を振り返ることで，「次はこうしよう」と改善点を見つけることができます。また，後で見返したとき，特に次にその文法事項を教えるときや同じページを教えるときに見返すと，「ああ，そうだったな。こんな失敗をしたんだ」「これはうまくいったんだ」と，そのときを思い出し，次の授業に役立てることができます。

　それでは，私が行ってきたことを紹介します。

○△×をつける

　最もシンプルな振り返りです。私は授業を終えると，自分が書いたTeaching Plan（何をするのか書いた略案）のそれぞれの活動の横に，授業や活動の目的に合わせて，「うまくいった」場合は○（「すごくうまくいった」場合は◎），「まずまず」の場合は△，「うまくいかなかった」場合は×（「全くだめだった」場合は××）をつけます。

「うまくいった・いかなかった，それはなぜ？」をメモ

　授業を振り返り，○△×をつけた後，どうしてうまくいったか，うまくいかなかったか，その理由を考えて簡単にメモします。そして，うまくいかなかった場合は「こうすればよかった」と書いておくと，同じような状況のときや次回に役立てることができます。

◆生徒の発言，反応，行動をメモ
　「～さんは，～のように発言した」など，生徒の様子，発言，反応で気がついたことがあればメモします。生徒名と様子が書かれていると，後で見返した際に，その授業のことが思い出しやすくなります。

◆Teaching objectives を決めてメモ
　Teaching objectives[1] は，力を入れて取り組んでいること，自分で気になっている点，伸ばしたい点，改善したい点など，授業をする教師の目的です。目的を決め，その目的から見てどうだったかをメモします。

　下は，私が自分の授業を振り返るときに考えた観点例の一部です。

生徒1人1人を2秒は見ようとしたか？	
机間指導をする際に，生徒のよい点や共通する間違いを見つけようとしたか？	
Interaction で生徒が話したことに対して，興味を持って反応しようとしたか？	
生徒が自分で学ぶ場面を作ったか？	
教科書の同じページに何度も触れる工夫をしたか？	

---

[1] 玉井 (2009)

定点観測のススメ
授業改善の第1歩は，生徒の現状とその伸びを把握すること

定点観測と毎日の授業の関係

生徒の伸びを測るために

　よりよい授業をするためには，必要なことがいくつかあります。

　まずは「何の目的で何をどのように教えるか」，そして「**生徒はどう学んでいるか**」です。しかし，後者は意外と忘れがちです。生徒の現状から出発する，つまり生徒の現状を把握して，それに合わせて授業を考えていくことが授業改善の第1歩になります。

　そこで，「定点観測」です。定点観測とは，「同じ種類の活動を，ある間隔（例：3か月，半年）で行い，生徒の伸びを測ること」です。

　では，定点観測は，なぜ必要なのでしょうか。それは，教師にとって，定点観測で得た情報を指導に生かせるからです。また，生徒に伸びを気づかせることもできます。「伸びた！」「△△ができるようになった」と生徒に思わせることで，生徒の動機づけを高めることができます。

　それでは，定点観測を具体的に考えていきましょう。私が行ってきた定点観測の活動には，次のような例があります。

表現活動例

- ◆スピーチ：1分ぐらいの簡単なスピーチ
  - "My favorite..." シリーズ
  - 休みの間（ゴールデンウィーク，夏休みなど）にしたこと
- ◆インタビューテスト：ALT（または日本人教師）との1対1のインタビュー
- ◆自己表現活動：自己紹介，日記，友達の紹介（描写）
- ◆教科書本文の Retelling

伸びを測る観点例（定点観測で，私が行ってきたもの）

- ◆話すこと
  - 単語レベルか，文を作ろうとしているか。
  - 語順「S＋V＋その他の要素（目的語，場所，時など）」は正しいか，前置詞句を使用しているか。
  - 質問文が作れるか。
  - バラエティ（既習の文法事項や語彙）はあるか。
  - 事実だけでなく，コメントも述べているか。
  - 接続詞，代名詞を使っているか。
  - 答えた後にプラス1文（より具体的に）しているか。
- ◆書くこと
  - 量：語数は何語か。
  - 質：主語が "I" だけではないか。動詞や形容詞のバラエティはあるか。事実だけでなく，感想や意見が書かれているか。

　いくつか観点を挙げてきましたが，最も大切なことは，「生徒にこうなってほしいという教師の願い」を項目にすることです。定点観測は，教師の授業改善に役立ち，生徒に伸びを実感させることができます。定点観測を行ってみませんか。

Small Goal のススメ
長期的なゴールのための中期・短期のゴール設定を！

最終的なゴールに向けて

「3年間かけて，このような生徒を育てよう」「今年担当した1年生を，学年の終わりにはこのようにしたい」など，年度の初めには長期的な目標（Goal）を立てると思いますが，ここで押さえておきたいことが2点あります。

◆現状を把握して，そこから目標を設定すること

今教えている生徒の力から目標を設定します。例えば，生徒が質問に答えることはできるけれど，自分から質問することができないという現状の場合，まず「質問できるようになる」という目標を設定し，それを積み重ねていくとどこまで行くのかを考えることです。生徒の現状を見ながら教師の思いを加えていくことがポイントです。

◆中期ゴール（Small Goal）と短期ゴールを設定すること

最終的なゴールははるか先ですので，中期・短期のゴールを設定することで，生徒たちに「伸びた」と，時々思わせましょう。この「伸びた」という気持ちが，「自分もできる」という気持ちになり，その先の学習を支える動機づけになります。

まず，学期に1つ，コミュニケーション活動を中期ゴール（Small Goal）にして，それに向かっていくための短期ゴール（というより，ちょっとした活動）を組み込むのはどうでしょうか。例えば，1年生では，次のようなSmall Goalが考えられます。

Small Goal の例

- 1学期：自己紹介
- 2学期：他者紹介（家族，友達，好きな芸能人など）
- 3学期：ALT 新聞

【ALT 新聞】

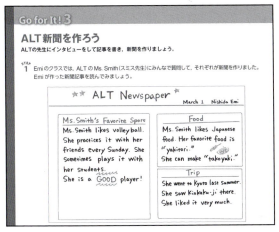

COLUMBUS 21 Book 1 p.140

ゴールを考えて普段から

　Small Goal を達成させるためのポイントは短期ゴールです。Small Goal の内容と時期を決めると，日頃からそれに向かって意識することができます。例えば，Small Goal の「自己紹介」に役立つ文が出てきたら，「これは自己紹介に使えるよ」と言って音読させたり，「この文型（語句）を使って自己紹介する文を書いてみよう」と言って書かせたりします。このように，日頃から Small Goal を意識して短期ゴール（活動）を繰り返していると，Small Goal に向かって，より効果的な活動を行うことができるようになります。

　長期的なゴールに向かって，中期ゴール（Small Goal）と短期ゴール（活動）を考え，授業を豊かにしませんか。

Point 44

文法のページは飛ばす？
戻ってくる場所！

「考えて行う」活動を！

　「Language Focus」や「文法のまとめ」など，いわゆる文法のページをどのように使っていますか。私の以前のやり方は，まず例文を使いながら，説明して音読をさせた後，問題を解かせて，「さあ，思い出したかな。大事だから覚えておこう」と言って終わり，というパターンでした。これは，そのときはよいのですが，「説明を聞く」だけではまた忘れてしまいます。そこで，「考えて行う」活動をすることを考えました（参照：前著『英語を教える50のポイント』Tip 43）。

行ったり来たり

　今回は，また違った使い方を紹介します。キーワードは「行ったり来たり」です。「文法のページ」と「コミュニケーション活動」を行ったり来たりすることが大切ということです。例えば，文法のページで「WH疑問文」を復習したとしたら，その後で，「WH疑問文」を使う活動をするのです。

　そこで，Point 43 で示した「ALT新聞」という活動を例にして考えてみましょう。これは，「ALTに関する新聞を作ること」を目標に，ALTに尋ねて情報を集め，それを新聞にするという活動です。このとき，

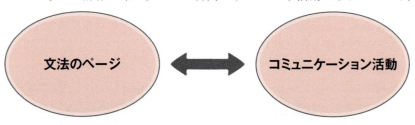

「文法のページ」と「コミュニケーション活動」の関係

文法のページが生きてきます。質問文を考える前に,改めて文法のページを見るなど,「ALTに質問する(質問文を作る)という活動」と「文法のページ」を行ったり来たりします。

戻ってくる場所として

また,逆の場合もあります。コミュニケーション活動を行った後,あるいはその途中で,生徒たちに必要な文法事項を復習させるために,文法のページを使うのです。

例えば,日記を書かせた場合です。生徒に共通するミスとして,代名詞の使い方が見つかったとします。そこで,生徒が共通して間違えるパターン(例:He name is Ken.)を2,3文板書します。時間があればWorksheetにします。そして,"There are mistakes in these sentences. Find the mistakes. Work with your partner." などと指示して,間違い探しをさせます。この際に,"Open your textbooks to page ○○." と,代名詞の表が出ている文法のページを開かせます。

いかがでしょうか。戻ってくる場所として文法のページを使ってみませんか。

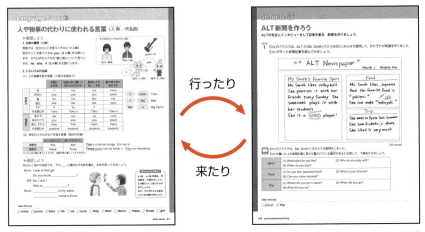

COLUMBUS 21 Book 1 p.67　　　　　　　　COLUMBUS Book 1 p.140

語彙のページは付録？
ここも戻ってくる場所！

やはり「行ったり来たり」

　教科書に載っている語彙のページをどのように使っていますか。「あるよなあ。でも、日記を書くときなどに参考にしてごらんと言うぐらいで、あまり使わないなあ」という感じでしょうか。実は私がそうだったのです。これはもったいないと思います。文法のページと同じように、ここも戻ってくる場所として使うと、語彙の定着・拡充に役立ちます。

　キーワードは、やはり「行ったり来たり」です。「語彙のページ」と「新出文法事項の練習」「コミュニケーション活動」「語彙の復習」の間を行ったり来たりしましょう。教師が自分で作る語彙のHandoutも、1度使って終わりではなく、戻ってくる場所と位置づけるとよいでしょう。

いろいろな文法事項の練習で

　例えば、右の語彙のページを活用した文法事項の練習を考えてみましょう。頻度を表す副詞 (always, sometimes など) の練習の場面では、このページを開かせ、「自分のことを言ってみよう」と指示をします。生徒は、I sometimes clean my room. / I always help my mother. など、自分のことを言う練習ができます。このページは、過去形や、疑問文・否定文など、いろいろな文法事項の練習に使えます。

コミュニケーション活動で

　また、コミュニケーション活動としては、例えば、日記を書くときに、「このページの動詞をできるだけ使うようにしてごらん」と促し、参考にしながら書かせます。スピーチや Show & Tell、日頃の自己表現活動の際も、このページに戻ることをアドバイスするとよいでしょう。

「語彙の復習」で

最後は,「語彙の復習」での利用です。語彙は頭の中で,音や意味などの関連によるネットワークを構築していると考えられています[1]。関連する語を時々まとめることは,語彙の定着にとって有効な手段の1つです。

例えば,"beautiful"と書かれたカードを見せて,教師と生徒,または生徒同士のペアで,次のような「語彙をまとめる活動」ができます。

COLUMBUS 21 Book 1 p.95

◆同意語や反意語を言おう。
◆次につながる語を言おう。(Collocationを意識させる)
◆同じカテゴリー(Category)の語を言おう。
◆言われた語(示された語)について連想する語を言おう。

その後,形容詞の語彙のページに戻り,チェックさせることができます。

いかがでしょうか。戻ってくる場所として,語彙のページを使ってみませんか。

---

[1] Aitchison (2003), 望月・相澤・投野 (2003)

自律した学習者を育てるために
「もう 1 人の自分」を持たせる

成功した学習者が持っているものは？

　自律した学習者として生徒を育てるためのヒントを，成功した学習者から学びましょう。成功した学習者が持っているものは何でしょうか。それは，学習するための「もう 1 人の自分」，英語学習の司令塔の役目を果たす自分です[1]。成功した学習者は，まず学習目標を設定し（目標は長期・中期・短期と具体的に立てます），目標達成のための計画をし，学習状況をチェックし，そして修正していきます。自分の学習のプロセスを俯瞰して司令塔のように見ることのできる力を持っているのです。

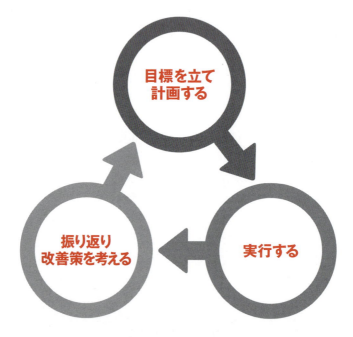

「計画－実行－振り返り」

教師ができることは？

　では，生徒に「もう1人の自分」を持たせるために教師ができることは何でしょうか。2つあります。

　1つは，生徒に，「目標設定，計画，チェック，修正」をする機会を与えることです。そのために，時々「振り返りシート」のようなものを使い，自分の学習を客観的に見直させることです。

　下に示したのは，私が大学1年の授業で使っていた「振り返りシート」です。また，学習の記録（生徒が書いたものなど）があるノートを見返させることでも，自分の学習をチェックし，修正する機会を与えることができます。

　教師ができることのもう1つは，アドバイスをすることです。いきなり学習の司令塔にはなれません。目標設定や修正の部分は「どうしたらいいの？」となります。そこで，いろいろな目標の例や修正する例を示し，1人1人にアドバイスをすることが教師の大きな役目となります。

　ある学生は，中学生時代，自分が家庭学習を続け，力をつけられたのは，「教師のノートへのアドバイスとコメントがあったからだ」と言いました。その教師は，この学生にとっての「司令塔」の役割をしていたのです。

---

[1] 竹内（2007）

ＴＴのポイントは？
三角形の Interaction

TT を生かすポイントは？

ALT との Team Teaching を生かすポイントは，いかに"JTE-ALT-Students"という三角形の Interaction を増やすかということになると思います。

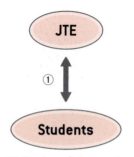

JTE-Students の Interaction

上の図は，教師が１人で授業を行う場合の Classroom Interaction のイメージです。次に，下の図を見てください。

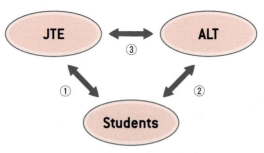

JTE-ALT-Students の三角形

これは ALT が授業に加わった場合のイメージです。ALT がいる状況

を最大限生かすには，教師が１人のときとの違い，つまり，教室の中に②と③のInteractionをいかに多く設けるかがポイントとなります。

　その際に気をつけたいことが２点あります。

　１つは，③のInteractionだけにならないようにすることです。③だけになってしまうと，生徒にとって「ただ聞いているだけ→わからない→聞かない」という流れになってしまう可能性があります。だからといって，③をやりながら，ALTが話したことを日本語に訳しても意味がありません。そこで，①と②のInteraction，つまり生徒に語りかけることが大切になってきます。流れは，「教師同士のやり取り＋生徒を巻き込む」です。

　もう１つは，②のInteractionの際に，生徒がうまく言えない場合のALTのFeedbackです。生徒が単語だけで何とか言おうとしているときや間違って言ったときなどに，ALTが「こう言いたいのですね」「こう言うと正しいよ」という内容のFeedbackをすることが大切です。「ああ，そう言うのか」と生徒が気づけば，それが習得を促進します。

さて，それでは1時間の授業の中で，どのようにALTを生かすか，例をいくつか挙げたいと思います。

Small Talk の際に

教師が1人で行っている Small Talk に ALT を巻き込みます。話題は「最近したこと」をメインにするとよいでしょう。その際，ALT に「最近 want to や like to を導入したので，Small Talk の中に入れるようにしてみてください」と，最近導入した言語材料を伝えておくようにします。話しっぱなしでなく，「How about you? と必ず生徒を巻き込むようにしてください」と，いつも三角形の Interaction を意識するように伝えておくことも忘れないようにしましょう。

新出文法事項に関して

ポイントになる例文を考え，それを ALT と Interaction しながら導入することです。会話で導入できる点が最大のメリットです。

教科書本文に関して（How about you?）

教科書本文に関して，ALT がいることの最大のメリットは本文の話題について話してもらえることです。「好きな音楽」のような日常的な話題の場合は，ALT の好きな音楽のことを話してもらうことができます。もちろん ALT が話すだけでなく，生徒を巻き込むようにします。いつも三角形の Interaction です。

文化や今日的な話題を扱っている場合でも，ALT にその文化体験や，今日的な話題についてどう思っているのかを話してもらうようにします。「沖縄でしたことと思ったこと」という設定の場合，ALT が沖縄に行ったことがあれば，そのときの体験を，行ったことがなければ，もし行ったらしたいことなどを話してもらったり，沖縄について思ったことを話してもらったりするとよいでしょう。その際，本文の内容に沿って話すようにしてもらうと，生徒は本文の内容を違った英語の表現でもう1度聞くことになり，より内容理解がしやすくなるでしょう。

ALTが教科書のトピックについて話す

　また，以下のように，教科書のUnitのトピックに応じてALTに話してもらってもよいでしょう。

教科書のトピック	ALTに話してもらいたいこと
学校生活のスピーチ	ALTの中学校時代のこと
夏休みの予定	ALTの夏休みの予定
友達とのいざこざ	ALTが経験した友達とのもめごとの思い出
環境問題への取り組み	ALTの国の環境問題とその取り組み

　「教科書本文の話題に関してALTに尋ねたり話してもらったりして，三角形のInteractionを作る」――この発想で本文を見ると，使えるページがけっこうあることに気づくと思います。

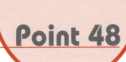

Writing ── 「いつ」「何を」「どのように」
授業中に書く機会を作る

こんな悩みが…

中3になっても，学んだ単語を生かせずに I'm happy. や It's good. という単文しか書けない。

単語テスト等はしているので語彙力はあるはず。でも，それを表現につなげられない。

　上は，私がよく聞く先生方の Writing に関する悩みです。さて，どうしたらよいのでしょうか。

　私は，「まず授業の中で書く機会をできるだけ作ること」が悩み解消の第1歩だと思います。そのために，まずは自分の授業を Writing の視点から振り返り，できるところから授業を改善するのはどうでしょうか。

　振り返るために，3つ視点を示したいと思います。

◆ When? ──いつ書かせていますか？
◆ What? ──何を書かせていますか？
◆ How? ──どのように書かせていますか？

それでは，1つ1つ振り返っていきましょう。

When?――いつ書かせていますか？

普段の授業ではいつ書かせていますか。

まず第1歩は，授業の最後5分のまとめの Writing からです。次にできるのは，授業の最初の帯活動の時間です。ここでは主に今まで習ったことを選んで使う活動としての Writing をさせることができます。このように授業で Writing を行うと，同じことを家庭で行うことができるようになります。「授業ではできないので家庭で…」というのはなかなかうまくいきませんよね。

What?――何を書かせていますか？

単文と複数文の2点から考えます。

まずは，その日の Target Sentence を書き写させます（Copying）。発展形としては，書き写した文を基に自己表現の文を書かせます。ここまではよく行われていますが，ここから複数文への Writing にもっていくことが大切です。

単文から発展させる第1歩は，「Target Sentence（自己表現文）+ 1」です。Target Sentence がどのような文脈で使われるかを考え，前か後に1文加えさせることができます。「自己表現文 + 1」で書かせるときは，接続詞でつなぐ，より具体的に書かせる，（事実だけでなく）気持ちや感想を加えるなどのアドバイスを与えるとよいでしょう。

How?――どのように書かせていますか？

ここのポイントは「Input と Output の往復」です。

書かせる前，途中，後に，モデルを見せます。モデルは教科書，他の生徒（や卒業生），ALT が書いたものがよいでしょう。モデルを見せ，自分の Writing に参考になりそうな語句や文にアンダーラインを引かせることで Writing の幅を広げることができます。

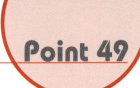

Point 49

Reading ── 長文の読み方は？
2つのTaskで

「大きくつかむ」と「内容・Message・自分なら」で

「内容はよい，でも長いから大変」「訳す以外，どう扱っていいのかわからない」「意味を理解する段階で終わってしまう」「日本語でMessageを語ってしまうから，英語の授業ではなくなってしまう」などなど，長文の扱い方に関する問題点や悩みは尽きません。これらの問題をどのように解決したらよいのでしょうか。

解決策をいくつか示したいと思います。

長さの問題への対策
　◆Pre-readingをして予測させる
　◆大まかにつかませるTaskを与える

「内容がよいのにうまく扱えない」への対策
　◆Post-readingでRead & Underlineをする

次ページのLet's Read "Living with Robots" を使って具体的に考えていきます。この長文は，ロボットがいろいろな分野で役立っていることを示している内容です。

長さの問題への対策

◆Pre-readingをして予測させる
ピクチャーカードを使ったOrdering
ピクチャーカードを黒板にバラバラに貼ります。生徒は，どの順番に

Do you know Astro Boy, Gundam, and Doraemon? They are all robots. Robots were just a dream a long time ago. But today they are real.

Many robots help our lives. For example, after the Great East Japan Earthquake on March 11, 2011, robots investigated the conditions inside damaged buildings. Robots also went into the nuclear power station in Fukushima. It was too dangerous for humans, but not for robots. They could do it.

Here is another example of a robot. Dr. Sankai Yoshiyuki, a scientist, became really interested in robots even as a child. So he studied robots at university. In 1995, he made the world's first cyborg-type robot. The name of the robot was Robot Suit HAL.

When you put on the Robot Suit, you become much stronger. When you are wearing HAL, you can carry 40 kilograms with just one arm. It is useful for doctors and nurses because they sometimes have to carry patients. HAL can also help old and disabled people. With HAL, they can stand, sit, and go up and down stairs very easily.

Why did Dr. Sankai create the Robot Suit? He said, "The relationship between technology and humans becomes better when technology supports humans." So he tried to fit technology to human form. He created the Robot Suit, not just a robot.

He believes that he should create new technology for people. He wants to create a new future by doing so. And it is certain that technology will open up a bright new future.

COLUMBUS 21 Book 2 p.106-110

なるか，ピクチャーカードから内容を推測して並べ替えます（Ordering）。次に，CDで全体を聞かせます。その後，教師はかたまり（Chunk）でポーズを取りながら本文を読んでいきます。生徒は教師が読んでいる英文を目で追いながら黙読をし，自分の推測が合っているかどうかを確認して，ピクチャーカードを並べ替えます。

◆大まかにつかませる Task を与える

ピクチャーカードの内容を表す文にアンダーラインをする

Ordering の活動が終わった後，それぞれのピクチャーカードを使って単語の導入をします。その後，その内容を表す文または文章を選ぶ（アンダーラインをする）という活動をします。

Guiding Question をする

What can this man do in this robot suit? など，全体をざっと読んで答えられるような，概要をつかませる質問をします。

各段落の第1文だけを読ませる

全体をつかむために必要なことは，全部をきちんと読むこととは限りません。「各段落の第1文を読む」という方法は，まず全体をつかむために有効です。

Mikulecky & Jeffries は，Guidelines for Previewing Passages として，次の読み方を示しています[1]。

①Read the title.
②Look at the pictures (if there are any).
③Read the first few sentences in the first paragraph.
④Read the first line of the other paragraphs.
⑤Read the first and last sentence of the last paragraph.
⑥Watch for names, dates, and numbers.

これらは，Let's Read など長い文章についてざっと全体を読ませたいときに，たいへん参考になります。

前述のことから，次の活動を具体的に考えることができます。

①から：タイトルを読み，内容を推測する。
②から：ピクチャーカードを見て，内容を推測する。
　※①②とも手がかりになる語句を一緒に示してもよいでしょう。
③④⑤から：その部分を読み，①②で行った推測が合っているかどうか確認する。
⑥から：名前，日付，数字のある文を読み，質問に答える。
　※例に挙げた "Living with Robots" では，本文にある数字「1995」などを使って，「1995年にDr. Sankaiは何をしたのでしょう」と質問することができます。

「内容がよいのにうまく扱えない」への対策

◆ Post-reading で Read & Underline をする

　読み終わった後，Post-readingの段階でRead & Underlineをすることをおススメします。例えば，
- 筆者（登場人物）のMessageは何でしょう。
- あなたが気に入った（共感する）部分，初めて知った部分はどこでしょう。

などの質問に答えるために，本文を読み，アンダーラインを引かせ，理由を必ず考えさせましょう。その後の活動手順については，Point 40を参照してください。

　また，Message以外にも，読んだ本文を生徒自身に返してあげることもよい活動です。"Living with Robots"では，Post-readingで「将来あなたがロボットを作るとしたら，どのようなロボットを作りますか」という質問があります。ここでは，生徒が英語で答えられる場合は英語で，無理な場合は日本語で考えてから英語にし，クラス全体でシェアしていくという方法を取ることをおススメします。

　長文（Let's Read）の読ませ方，ちょっと工夫してみませんか。

---

[1] Mikulecky & Jeffries (2005)

家庭学習――予習と復習の方法は？
教科書写しと新出単語練習だけでよい？

習得には家庭学習が不可欠！

　ここまで，言語習得を促すために授業でできることを考えてきました。言語習得には触れる時間や使う時間が必要ですから，授業時間だけではどうしても限界があります。そこで家庭学習が不可欠になります。最後のポイントでは，効果的な家庭学習を考えましょう。

　家庭学習は「これしかない！」ではなく，生徒の学習スタイルや状況，授業の目的などにより，いろいろ考えられると思います。ここでは，私が現時点で考えている方法の１つを示したいと思います。

力をつける予習
――絞った語句の意味調べ・推測・Top-down の読み

　まずは予習です。

　予習は，「自分で読む力をつけさせる」「どこがわかったか，わからなかったかをわからせた後で，授業に臨ませる」という目的で行わせます。そういう目的ならば，どんな予習になるでしょう。「新出単語の意味を全て調べさせる」といった形にはなりません。本文の概要を理解するのに欠かせない語のみを指定し，それを調べさせます。

　調べさせた後，教科書本文の写真や絵を見て，調べた新出単語の意味を考えながら，内容を推測させます。そして，１度読んでみて，どんなことが書いてあるかを読み取らせます（Top-down の読みです）。

　さらに詳しく読ませたい場合は，誰が (who)，どうする (what)，どこで (where)，いつ (when) を読み取らせるとよいでしょう。読み終わった後は，わからなかった文に印をつけてから授業に臨ませると，授業で特に意識する部分がはっきりします。

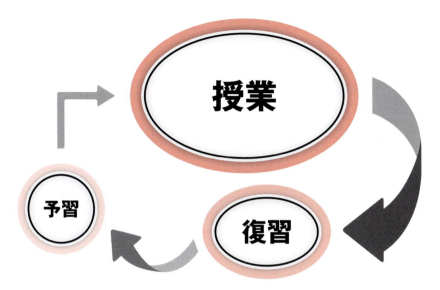

「予習-授業-復習」のサイクル

　「最初に本文を読ませるのは授業中にしたい」という場合は，授業で扱う部分を予習させないで，その前までの箇所を読ませておくことをおススメします。教科書がストーリーになっているなど，流れがある場合は，それまでの箇所を読ませることで，「次はどうなるのかな」と推測させてから授業に臨ませることができます。

　なお，生徒がCDを持っている場合は，本文を見ないでCDを聞く，CDを聞きながら本文を読むという予習も可能です。

力をつける復習──頭の中に残す・自分に置き換える

　そして復習です。

　本文をさっと黙読し，内容を確認することからスタートします。CDがある場合は，CDを使って聞くことから始めます。その後は音読です。

　いろいろな方法を授業中に経験させて，その中から自宅での音読方法を考えさせるとよいでしょう。ただ回数だけやればよいのではなく，「話しているように音読する」「本文の英語を頭の中に残すために音読する」など，目的を明示しましょう。

音読の後は，ノートに本文を書き写します。書き写すのは内容を理解できてからのほうが英語が頭の中に残りやすくなります。さらに，音読をして，教科書を見ないでノートに書く（Read & Write）と，より効果的です。日本語の訳を見ながら英語にしてみる，そして自分でチェックするという方法もあります。

　このように本文の英語を書くことを終えたら，仕上げは，本文を生かし，自分で文を作ることです。習ったことは自分に関係している，使えるということに気づかせるのがポイントです。

　なお，中学校のある段階までは，「予習をするなら，その分の時間で復習をしっかりさせる」という考え方も当然あります。授業の目的に合わせ柔軟に考えましょう。

　前ページの図のように，「予習―授業―復習」というサイクルができれば，英語に触れたり使ったりする時間が増え，穴のあいたブロックを埋める助けになります。

授業を考えるために知っておこう

ここでは,授業を考えるために知っておくと役立つ理論について紹介します。

第二言語の習得について

第二言語習得モデル

　第二言語（Second Language）はどのように習得されていくのでしょうか。ここでは，村野井（2006）が認知プロセス（学習者の内部で起きる変化を意味する）の基本的枠組みとして提案した第二言語習得および第二言語学習モデルを紹介します。

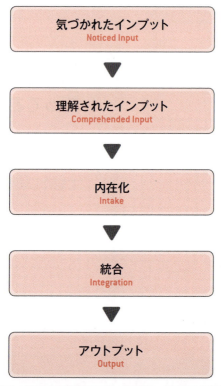

図1：第二言語習得のモデル（村野井，2006 を改編）

Input から内在化へ

村野井（2006）は，Input がどのように Output に変化していくかを図1のように説明しています。

まず Input に気づき，そして，それを理解することにより，気づかれた Input は理解された Input になります。理解された Input になるためには，Form-Meaning-Use を理解しなければなりません。つまり，Input の意味（Meaning）だけでなく，その意味がどのような形式（Form）で表されるのか，同時に，その形式がどのような場面で使われる（Use）のかを理解することがポイントとなります。

理解された Input は，次に内在化されて，インテイク（Intake）になります。Intake とは，学習者が気づき，理解した Input が自分の言語体系，つまり中間言語体系に取り込まれ，学習者の言語知識の一部になるプロセス，または取り込まれた言語知識そのものを言います[1]。

仮説検証

内在化されるために必要なことは，「仮説検証（Hypothesis Testing）」だと考えられています。生徒は自分の持っている言語知識を生かして，「これは通じるかな」「こう言えるかな」と思い，つまり仮説検証して Output してみます。その Output したこと（仮説検証したこと）が通じれば，「ああ，大丈夫だ」と仮説は確認されるわけです。また，通じなければ，「ああ，違ったんだ」と思い，そこで Feedback を受ければ，「ああ，こう言うのか」と仮説を修正できます。その際，Input を生徒自身が確認することでも，「ああ，そう言う（書く）のか」と気づくことができます。

内在化され，Intake になった言語知識が学習者の中に統合（Integration）されるのが，次の段階です。このときには，言語知識が自動的に使えるようになることがポイントです。そして，統合された言語知識が Output になります。

---

[1] 白畑・冨田・村野井・若林（2009）

Extra 2

U-shaped Development と PPP の考え方

言語の学びの進み方

　言語の学びは，どのように進むのでしょうか。一般には，次のように思われがちです。

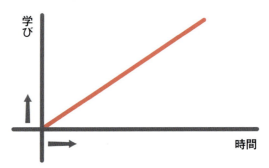

図2：言語の学びと時間の経過

　上の図は，時間が経つにつれ，習得も順調に進んでいくという考えを表しています。しかし，実際はそのように順調にはいきません。
　Kellerman（1985）は，言語の学びを図3のように表しています。つまり，ある言い方を学習したばかりのときは正確に言うことができるけれど，時間が経つとできなくなり，さらに時間が経つと（繰り返し使う機会があって）また言えるようになるということです。こうした学びはU-shaped Development とも呼ばれます。
　また，Murphey（2006）は，その学びを図4のようにローラーコースター（Roller Coaster）の動きに例えています。

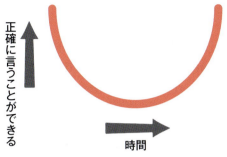

図3：U-shaped Development
　　　（Kellerman, 1985）

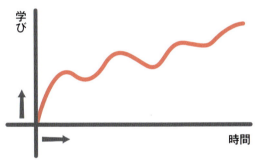

図4：言語の学び「ローラーコースター」
　　　（Murphey, 2006を改編）

　どの図が実際の状況を表しているでしょうか。
　実際に教えている立場で学習者の学びを見ると，図3や図4のほうだと思います。
　ところが，授業をしていると，Language learning takes time. ということを意外と忘れがちになります。そうすると，「△△は前の時間で教えたのに…」「今日は◇◇の導入だから，徹底的に練習して，それを定着させるぞ」ということになってしまいます。Teaching ＝ Learning ではないのです。

PPPの利点と欠点

　言語材料を提示し（Presentation），練習し（Practice），それを使って表現する（Production）というのが，教室でよく行われている授業の流れで，いわゆるPPP（Presentation-Practice-Production）というティーチングスタイルです。

　Harmer（1998）は，このPPPのスタイルについて，利点として「初学者にとっては学びやすく，効率がよい」ということを挙げています。しかし，PPPの想定では，段階を重ねていくにつれて，伸びて習得できることになっていますが，実際は順調には伸びていきません。

　そこで，Harmer（2007）は，Byreのサイクル（図5）と，自身のサイクル（図6）を紹介しています。

　図5は，Presentation ⇒ Practice ⇒ Production と1回で終わりになるのではなく，繰り返し行われなければならないことを示しています。

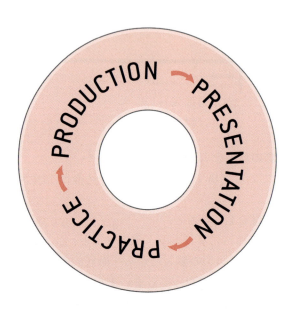

図5：Byre's 'alternative approach'（Harmer, 2007）

図6は，Engage（興味を引く），Study（ターゲットになる項目を学習する），Activate（習ったことを使う）を行ったり来たりする必要があることを示しています。

　ポイントは，PPPの利点と欠点を知ったうえで，柔軟に指導のスタイルを変えていくことです。初めて導入した言語材料に関しては，最後のP（Production）で完成するという考え方ではなく，「今日は1度目の出会いをした」という発想で授業の組み立てを考えましょう。

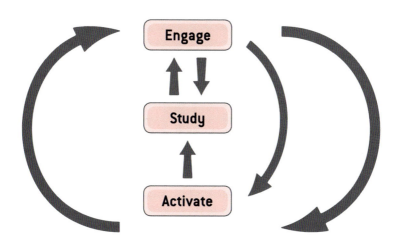

図6：An example of a Patchwork Lesson Procedure（Harmer, 2007）

文法の3要素と文法知識の役割

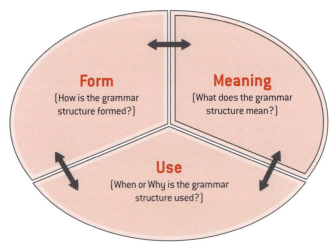

図7：The Three Dimensions
(Celce-Murcia, M. and Larsen-Freeman, D., 1999 を改編)

文法の3要素

文法をどのように教えるかについて参考になるのは図7です。

Celce-Murcia and Larsen-Freeman（1999）は，Grammar は単に Form の集まりではなく，Form，Meaning，Use の3つの面を含み，この3つは互いに関連しているとしています。(「Use〈使用〉」は「Function〈機能〉」と呼ばれることもあります。)

この3つの要素の重要性を，和泉（2009）は「言語習得には，それが母語習得，第二言語習得の違いにかかわらず，常に3つの要素が関わっている」とし，これを「言語習得の3要素」と言っています。

文法知識の役割

　文法項目を説明すること（文法の知識を与えること）は，授業の中で大切な場面の１つです。例えば，現在進行形ならば，どのような「形」（be 動詞＋動詞のing 形）で，どのような「意味」（「（今）…をしています」）かを説明します。では，このような文法知識はどのような意味があるのでしょうか。
　実は，次の点で役立つと言われています[1]。
　① Input の中の文法事項に気がつくことを助ける
　②自分の誤りに対して敏感になる
　③自分の Output を修正するのを助ける

　文法知識をただ与えるだけではだめで，言葉を使う際に文法知識が役立つことがわかります。しかし，現実は文法知識を生かす場面を作っていないことが多いのではないでしょうか。
　文法知識を生かすためには，Input, Interaction, Output が豊富にあるということがポイントとなります。ただ説明をして Drill をするだけでは有効に生かすことができません。「知識を持っていると役に立つ」と実感させるのが大事です。
　例えば，Input の中の文法事項に気づく機会を与えるために，教師が既習事項を意図的に何度も使って Small Talk を行うのも１つの方法です。また，生徒に Output の機会を与える際に，自分の誤りに対して敏感になるように，自分や友達のスピーチ原稿を修正する機会を与えるのも効果的です。

　知っているだけの文法知識から使える文法知識にするために，Input や Output の機会を作りましょう。

---

[1] 白畑・冨田・村野井・若林（2009）

【参考文献】

Aitchison, J. (2003). *Words in the Mind: An Introduction to the Mental Lexicon.* (3rd ed.) Oxford: Blackwell.

Celce-Murcia, M. & Larsen-Freeman, D. (1999). *The Grammar Book: An ESL / EFL Teacher's Course.* Second edition. Boston: Heinle & Heinle.

Dörnyei, Z. (2001). *Motivational Strategies in the Language Classroom.* Cambridge: Cambrdige University Press. [米山朝二・関昭典（訳）（2005）『動機づけを高める英語指導ストラテジー35』大修館書店]

Harmer, J. (1998). *How to Teach English.* Pearson Education.

Harmer, J. (2007). *The Practice of English Language Teaching* Fourth edition. New York: Longman

Kellerman, E. (1985). If at first you do succeed... In Gass, S., & Madden, C. (Eds.), *Input in Second Language Acquisition.* (pp.345-353). Rowley, Mass: Newbury House.

Lightbown, P. (1983). Exploring relationships between developmental and instructional sequences in L2 acquisition. In H. Seliger & M. Long (Eds.) *Classroom-oriented research in second language acquisition* (pp.217-243). Rowley, Mass: Newbury House.

Mikulecky, B. & Jeffries, L. (2005). *Reading Power.: Reading for Pleasure, Comprehension Skills, Thinking Skills, Reading Faster.* Third Edition. Longman.

Murphey, T. (2006). *Language Hungry:An Introduction to Language Learning Fun and Self-Esteem.* Tokyo: Macmillan Language House.

Nation, P. (2001). *Learning Vocabulary in Another Language.* Cambridge: Cambridge University Press.

Tremblay, P. & Gardner, R. (1995). Expanding the motivation construct in language learning. *The Modern Language Journal 79.* (pp.505-520).

和泉伸一（2009）『「フォーカス・オン・フォーム」を取り入れた新しい英語教育』大修館書店

太田洋 (2009) DVD『Teaching Grammar ～コミュニカティブな授業でできる文法指導～』ジャパンライム

門田修平（2007）『シャドーイングと音読の科学』コスモピア

白畑知彦・冨田祐一・村野井仁・若林茂則（2009）『改訂版 英語教育用語辞典』大修館書店

白畑知彦（編）・若林茂則・須田孝司（2004）『英語習得の「常識」「非常識」』大修館書店

鈴木寿一（1998）「音読指導再評価──音読指導の効果に関する実証的研究」『外国語教育メディア学会関西支部研究集録』7, pp.13-28.

鈴木寿一（2009）『「音読」こそがすべての基本：音読指導で生徒の英語力を向上させるためのQ＆A』『英語教育』大修館書店2009年11月号

竹内理（2007）『「達人」の英語学習法』草思社

玉井健（2009）「リフレクティブ・プラクティス―教師の教師による教師のための授業研究」吉田達弘・玉井健・横溝紳一郎・今井裕之・柳瀬陽介（編）『リフレクティブな英語教育をめざして―教師の語りが拓く授業研究』(pp.119-190) ひつじ書房

本田勝久（2008）『動機づけ研究』小寺茂明・吉田晴世（編）『スペシャリストによる英語教育の理論と応用』(pp.93-108) 松柏社

村野井仁（2006）『第二言語習得研究から見た効果的な英語学習法・指導法』大修館書店

望月正道・相澤一美・投野由紀夫（2003）『英語語彙の指導マニュアル』大修館書店

【出典など】
〈出典〉
平成28年度『COLUMBUS 21 ENGLISH COURSE』(Book 1～3)
CYBERDYNE, *ROBOT SUIT*, *ROBOT SUIT HAL*, *Hybrid Assistive Limb*, and *HAL* are trademarks (TM) or registered trademarks (®) of CYBERDYNE, Inc.
protected by Japanese and Foreign trademark Laws.
〈イラストレーション〉
井上雪子　烏羽雨　此花あかり　五條瑠美子　バンチハル
〈写真〉
アフロ　アマナイメージズ　ゲッティイメージズ　セガトイズ
千葉工業大学 未来ロボット技術研究センター　東芝　富士ソフト

太田　洋（おおた・ひろし）
1960年東京都生まれ。2002年東京学芸大学大学院教育研究科英語教育専攻修了。東京都の中学校，東京学芸大学附属世田谷中学校教諭，駒沢女子大学教授を経て，現在，東京家政大学人文学部英語コミュニケーション学科教授。光村図書発行の文部科学省検定教科書『COLUMBUS 21 ENGLISH COURSE』の著者を務める。著書に，『英語を教える50のポイント』（光村図書），『英語力はどのように伸びてゆくか』（大修館書店，共著），『"英語で会話"を楽しむ中学生』（明治図書，共著），『コーパスからはじめる単語使いこなし英会話』（旺文社，共著），『英語が使える中学生，新しい語彙指導のカタチ』（明治図書，共著），『2文型と100語でこんなに話せる！英会話』（旺文社，共著），『日々の英語授業にひと工夫』（大修館書店，共著），『英語授業は集中！─中学英語「633システム」の試み─』（東京学芸大学出版会，共著）などがある。

本文イラスト　キムラみのる

英語の授業が変わる50のポイント

　　　　　　　　　　　　　　　2012年10月25日初版　　第1刷発行
　　　　　　　　　　　　　　　2016年7月15日改訂版　　第1刷発行

著　者 ── 太田　洋
発行者 ── 小泉　茂
発行所 ── 光村図書出版株式会社
　　　　　〒141-8675 東京都品川区上大崎2-19-9
　　　　　電話 03-3493-2111（代表）
　　　　　[URL] http://www.mitsumura-tosho.co.jp
印刷所 ── 株式会社加藤文明社
製本所 ── 有限会社五十嵐製本所

© Hiroshi Ota 2012 Printed in Japan
ISBN 978-4-89528-985-6
価格はカバーに表示してあります。
本書の無断複写（コピー）は禁じられています。
落丁本・乱丁本はお取り替えいたします。